本書の特色と使い方

教科書の学習進度にあわせて，授業・宿題・予習・復習などに使えます

教科書のほぼすべての単元を掲載しています。今，学習している内容にあわせて授業用プリントとして
お使いいただけます。また，宿題や予習や復習用プリントとしてもお使いいただけます。

本書をコピー・印刷して教科書の内容をくりかえし練習できます

計算問題などは型分けした問題をしっかり学習したあと，いろいろな型を混合して出題しているので，
学校での学習をくりかえし練習できます。
学校の先生方はコピーや印刷をして使えます。

「ふりかえり・たしかめ」や「まとめのテスト」で学習の定着をみることができます

「練習のページ」が終わったあと，「ふりかえり・たしかめ」や「まとめのテスト」をやってみましょう。
「ふりかえり・たしかめ」で，できなかったところは，もう一度「練習のページ」を復習しましょう。
「まとめのテスト」で，力だめしをしましょう。

「解答例」を参考に指導することができます

本書 p 90 ～「解答例」を掲載しております。まず，指導される方が問題を解き，本書の解答例も参考に
解答を作成してください。
児童の多様な解き方や考え方に沿って答え合わせをお願いいたします。

3年 ① 目 次

1 かけ算
かけ算のきまり (1)

名前

1　かけ算のきまりについて，（　　）にあてはまる数を書きましょう。

①　6×5の答えは，（　　）×（　　）の答えと同じになる。

②　4×8の答えは，4×7の答えより（　　）大きくなる。

③　5×3の答えは，5×4の答えより（　　）小さくなる。

2　（　　）にあてはまる数を書きましょう。

①　9×2 = 2×（　　）　　②　8×7 = 7×（　　）

③　3×6 = （　　）×3　　④　2×4 = （　　）×2

⑤　5×9 = 5×8 + （　　）　　⑥　6×8 = 6×7 + （　　）

⑦　4×5 = 4×6 − （　　）　　⑧　7×3 = 7×4 − （　　）

3　下の①，②は，かけ算の九九の表の一部です。⑦〜⑨に
あてはまる数を書きましょう。

①

12	15	18
16	⑦	24
20	25	30

②

42	④	56
48	56	64
54	63	⑨

---

1 かけ算
かけ算のきまり (2)

名前

1　8×7の答えを，⑦，④の考え方でもとめます。
（　　）にあてはまることばや数を書きましょう。

⑦　8×7 〈 5　×7 = （　　）
　　　　　　（　　）×7 = （　　）
　　　　　　あわせて（　　）

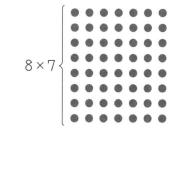

8×7

④　8×7 〈 2　×7 = （　　）
　　　　　　（　　）×7 = （　　）
　　　　　　あわせて（　　）

かけ算では，かけられる数を分けて計算しても，
答えは（　　　　　）になる。

2　（　　）にあてはまる数を書きましょう。

①　9×4 〈 5　×4 = （　　）
　　　　　（　　）×4 = （　　）
　　　　　あわせて（　　）

②　6×8 〈 4　×8 = （　　）
　　　　　（　　）×8 = （　　）
　　　　　あわせて（　　）

③　7×5 〈 （　　）×5 = （　　）
　　　　　（　　）×5 = （　　）
　　　　　あわせて（　　）

④　5×6 〈 （　　）×6 = （　　）
　　　　　（　　）×6 = （　　）
　　　　　あわせて（　　）

いろいろな分け方があるね。

❶ かけ算
かけ算のきまり（3）

① 7×9の答えを，㋐，㋑の考え方でもとめます。
　（　　）にあてはまることばや数を書きましょう。

㋐　7×9 ⎨ 7× 5 ＝（　　）
　　　　　7×（　　）＝（　　）
　　　　　───────────
　　　　　あわせて（　　）

㋑　7×9 ⎨ 7× 6 ＝（　　）
　　　　　7×（　　）＝（　　）
　　　　　───────────
　　　　　あわせて（　　）

7×9

かけ算では，かけられる数を分けて計算しても，
答えは（　　　　　　）になる。

② （　　）にあてはまる数を書きましょう。

① 6×7 ⎨ 6× 2 ＝（　　）
　　　　　6×（　　）＝（　　）
　　　　　───────────
　　　　　あわせて（　　）

② 4×8 ⎨ 4× 6 ＝（　　）
　　　　　4×（　　）＝（　　）
　　　　　───────────
　　　　　あわせて（　　）

③ 3×6 ⎨ 3×（　　）＝（　　）
　　　　　3×（　　）＝（　　）
　　　　　───────────
　　　　　あわせて（　　）

④ 9×5 ⎨ 9×（　　）＝（　　）
　　　　　9×（　　）＝（　　）
　　　　　───────────
　　　　　あわせて（　　）

❶ かけ算
かけ算のきまり（4）

① 次の㋐，㋑，㋒のかけ算のきまりを使って，3×10の答えを
　もとめます。（　　）にあてはまる数を書きましょう。

㋐　3×10＝10×（　　）　　　㋑　3×10＝3×9＋（　　）

㋒　3×10 ⎨ 3× 6 ＝（　　）
　　　　　 3×（　　）＝（　　）
　　　　　 ───────────
　　　　　 あわせて（　　）　　　答え（　　　　　）

② 計算をしましょう。

① 5×10　　　② 4×10　　　③ 8×10

④ 10×7　　　⑤ 10×9　　　⑥ 10×2

③ 6人に，10本ずつえん筆を配ります。
　えん筆は，全部で何本いりますか。
　式

答え　＿＿＿＿＿＿＿

④ 1箱9こ入りのももの箱が10箱あります。
　ももは全部で何こありますか。
　式

答え　＿＿＿＿＿＿＿

1 かけ算
かけ算のきまり (5)

名前

1 14 × 3 の答えを，⑦，⑦の考え方でもとめます。
（　）にあてはまる数を書きましょう。

⑦　14 × 3 ⎰ 9 × 3 =（　　）
　　　　　⎱（　　）× 3 =（　　）
　　　　　　あわせて（　　　）

⑦　14 × 3 ⎰ 10 × 3 = 30
　　　　　⎱（　　）× 3 =（　　）
　　　　　　あわせて（　　　）

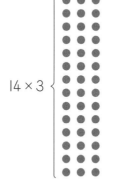

14 × 3 ⎰

答え（　　　　　　）

2 （　）にあてはまる数を書きましょう。

①
11 × 4 ⎰ 9 × 4 =（　　）
　　　　⎱（　　）× 4 =（　　）
　　　　　あわせて（　　）

②
13 × 6 ⎰ 9 × 6 =（　　）
　　　　⎱ 4 ×（　　）=（　　）
　　　　　あわせて（　　）

③
12 × 8 ⎰ 10 × 8 =（　　）
　　　　⎱（　　）× 8 =（　　）
　　　　　あわせて（　　）

④
15 × 5 ⎰ 10 × 5 =（　　）
　　　　⎱（　　）× 5 =（　　）
　　　　　あわせて（　　）

九九や10のかけ算を使って
もとめることができるね。

1 かけ算
かけ算のきまり (6)

名前

1 12 × 6 の答えをもとめましょう。
　自分の考えを下の図に表して，式と答えを書きましょう。

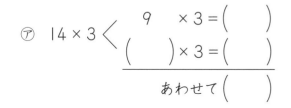

式

答え＿＿＿＿＿＿＿＿

2 13 × 4 の答えを，次の⑦，⑦のような式を書いてもとめました。

⑦　9 × 4 = 36　　4 × 4 = 16　　36 + 16 = 52	⑦　10 × 4 = 40　　3 × 4 = 12　　40 + 12 = 52

① ⑦の考えを，右の図に表しましょう。

トライ ② ⑦の考えを，せつ明しましょう。

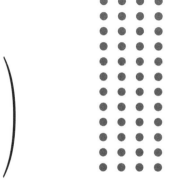

（　　　　　　　　　　　　　　　）

❶ かけ算
0のかけ算

① ここなさんとはるきさんは，おはじき入れゲームをしました。

① 右の図は，ここなさんのけっかです。
ここなさんのそれぞれのとく点を式に
表して，とく点の合計をもとめましょう。

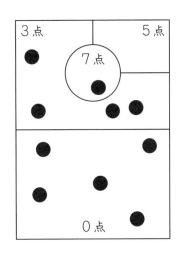

3点　5点　7点　0点

| 入ったところ | 入った数 | とく点 |

7点 → 7 × (　　) = (　　)

5点 → 5 × (　　) = (　　)

3点 → 3 × (　　) = (　　)

0点 → 0 × (　　) = (　　)

合計 (　　) 点

② はるきさんのとく点のとり方は，右のような式に表せます。それぞれ
の点数のところに入ったおはじきは何こで，とく点は何点ですか。

| 入ったところ | 入った数 | とく点 |

7点 (　　) こ, (　　) 点

5点 (　　) こ, (　　) 点

3点 (　　) こ, (　　) 点

0点 (　　) こ, (　　) 点

合計 (　　) 点

はるきさんのとく点	
7 × 2	5 × 4
3 × 0	0 × 4

② 計算をしましょう。

① 7 × 0　　② 0 × 5　　③ 3 × 0　　④ 0 × 9

⑤ 12 × 0　　⑥ 0 × 0　　⑦ 0 × 11　　⑧ 0 × 2

---

❶ かけ算
かける数とかけられる数

① □にあてはまる数のもとめましょう。

① 6 × □ = 18　　□ = (　　)

② 7 × □ = 42　　□ = (　　)

③ □ × 4 = 20　　□ = (　　)

> かけ算のきまりを使ったり，
> じゅんに数をあてはめたりすれば，
> もとめることができるね。
>
> | 7 × 4 = 28 |
> | 7 × 5 = 35 |
> | 7 × 6 = 42 |

② (　　) にあてはまる数を書きましょう。

① 2 × (　　) = 14　　② 9 × (　　) = 36

③ 5 × (　　) = 35　　④ 3 × (　　) = 9

⑤ 8 × (　　) = 24　　⑥ 4 × (　　) = 28

⑦ (　　) × 6 = 18　　⑧ (　　) × 5 = 25

⑨ (　　) × 9 = 72　　⑩ (　　) × 3 = 12

⑪ (　　) × 7 = 56　　⑫ (　　) × 2 = 8

① ふりかえり・たしかめ (1)
かけ算
名前

① （　　）にあてはまる数を書いて、次のかけ算の答えをもとめましょう。

① 7 × 8 = 8 × （　　）
　　　　 = （　　）

② 5 × 10 = 10 × （　　）
　　　　　 = （　　）

③ 9 × 4 = （　　） × 9
　　　　 = （　　）

④ 6 × 2 = （　　） × 6
　　　　 = （　　）

⑤ 4 × 3 = 4 × 2 + （　　）
　　　　 = （　　）

⑥ 2 × 10 = 2 × 9 + （　　）
　　　　　 = （　　）

⑦ 8 × 5 = 8 × 6 - （　　）
　　　　 = （　　）

⑧ 3 × 6 = 3 × 7 - （　　）
　　　　 = （　　）

> かけ算のきまりを使うと、いろいろなもとめ方ができるね。

② （　　）にあてはまる数を書きましょう。

① 5 × 3 ⟨
　　　　3　 × 3 = （　　）
　　　　（　）× 3 = （　　）
　　　　あわせて（　　）

② 7 × 6 ⟨
　　　　4　 × 6 = （　　）
　　　　（　）× 6 = （　　）
　　　　あわせて（　　）

③ 4 × 9 ⟨
　　　　4 × 　5　 = （　　）
　　　　4 × （　）= （　　）
　　　　あわせて（　　）

④ 6 × 10 ⟨
　　　　6 × 　4　 = （　　）
　　　　6 × （　）= （　　）
　　　　あわせて（　　）

① ふりかえり・たしかめ (2)
かけ算
名前

① 1箱10こ入りのキャラメルが4箱あります。キャラメルは、全部で何こありますか。

式

　　　　　　　　　　　　　　　　答え

② 計算をしましょう。

① 10 × 6　　② 2 × 10　　③ 10 × 8　　④ 5 × 10

③ 右の図のように考えて、かけ算の答えをもとめます。（　　）にあてはまる数を書きましょう。

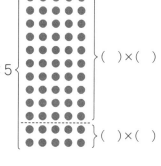

12 × 5 ⟨
　　　（　）× （　）= （　　）
　　　（　）× （　）= （　　）
　　　あわせて（　　）

12 × 5 ⟨
　　　　（ ）×（ ）
　　　　（ ）×（ ）

④ 答えが0になるかけ算の式はどれですか。

⑦ 0 × 9　　④ 0 × 0　　⑦ 10 × 5　　④ 5 × 0

（　　　　　　　　　　　）

⑤ （　　）にあてはまる数を書きましょう。

① 4 × （　　） = 36

② 5 × （　　） = 40

③ （　　） × 9 = 54

④ （　　） × 8 = 16

1 まとめのテスト
かけ算

【知識・技能】

1 下の表は、まいさんのじゃんけんゲームの記ろくを、点数ごとに整理したものです。

点（点）	✊で勝ち 3	✌で勝ち 2	🖐で勝ち 1	負け 0	合計
回数（回）	3	0	2	3	10
とく点（点）		5			

① 3点のところのとく点は何点ですか。(3×2)

式　3 ×（　）=（　）

答え 　　　　　　

② 0点のところのとく点は何点ですか。(3×2)

式　（　）×（　）=（　）

答え 　　　　　　

③ まいさんのとく点の合計は何点ですか。(2)

（　　　　）

2 （　）にあてはまる数を書きましょう。(3×7)

① 4×3 = 3×（　）

② 8×6 =（　）×8

③ 5×7 = 5×6 +（　）

④ 6×4 = 6×5 −（　）

⑤ 7×8 ＜ 7×5 　=35
　　　　　7×（　）=21
　　あわせて（　　）

⑥ 6×（　）=24

⑦ （　）×4 =36

3 計算をしましょう。(3×5)

① 10×2　　② 8×10

③ 0×3　　④ 6×0

⑤ 0×0

【思考・判断・表現】

4 8人に、10まいずつ色紙を配ります。色紙は、全部で何まいいりますか。(5×2)

式

答え 　　　　　　

5 4こ入りのケーキの箱が10箱あります。ケーキは全部で何こありますか。(5×2)

式

答え 　　　　　　

6 箱にチョコレートが入っています。下の図のように考えて、チョコレートのこ数をもとめました。(20)

① （　）にあてはまる数を書きましょう。

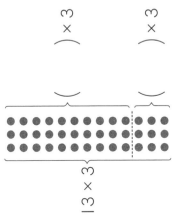

13×35

13×3 ＜ （　）×3
　　　　　（　）×3

13×3 ＜ （　）×3 =（　）
　　　　　（　）×3 =（　）

あわせて（　　　）

② チョコレートは何こ入っていますか。(10)

（　　　　）

9

① 家を 10 時 50 分に出て，30 分歩くと図書館に着きました。着いた
時こくは何時何分ですか。

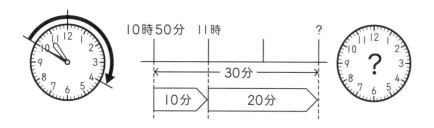

ちょうどの時こくを
もとに考えよう。

答え（　　　）時（　　　）分

② 下の数直線を見て，次の時こくをもとめましょう。

（1 めもりは 10 分）

①　6 時 50 分から 20 分後の時こく（　　　　　　　　　）

②　7 時 40 分から 30 分後の時こく（　　　　　　　　　）

③　7 時 50 分から 40 分後の時こく（　　　　　　　　　）

---

① 公園を 9 時 40 分に出て，友だちの家に 10 時 20 分に着きました。
公園から友だちの家まで，かかった時間は何分ですか。

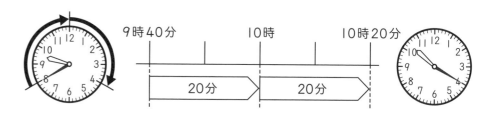

答え（　　　　　　）分

② 下の数直線を見て，次の時間をもとめましょう。

（1 めもりは 10 分）

①　8 時 50 分から 9 時 10 分までの時間（　　　　　　　　　）

②　8 時 30 分から 9 時 20 分までの時間（　　　　　　　　　）

③　8 時 40 分から 9 時 25 分までの時間（　　　　　　　　　）

1 　駅を出て 20 分歩いて，病院に 9 時 10 分に着きました。
　　駅を出た時こくは何時何分ですか。

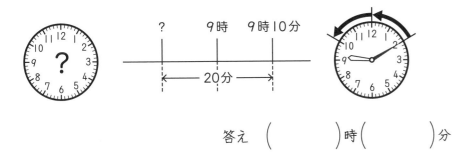

答え（　　　　）時（　　　　）分

2 　下の数直線を見て，答えましょう。

（1めもりは10分）

① 　10 時 20 分から 30 分前の時こくをもとめましょう。

（　　　　　　　　　）

② 　10 時 30 分から 50 分前の時こくをもとめましょう。

（　　　　　　　　　）

③ 　家から動物園まで 40 分かかります。10 時 10 分までに動物園に着く
　　ためには，おそくとも何時何分までに家を出なければならないでしょうか。

（　　　　　　　　　）

1 　図書館にいた時間は 30 分，公園にいた時間は 50 分です。
　　あわせて何時間何分ですか。

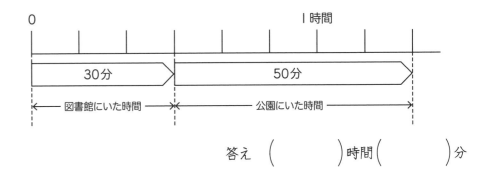

答え（　　　　）時間（　　　　）分

2 　ひろきさんが，きのう，家で勉強した時間は，下のとおりです。
　　勉強した時間は，全部で何時間何分ですか。

計算	30 分
漢字	20 分
音読	20 分

 時間も長さやかさと同じように
計算できるね。

（　　　　　　　　　）

3 　ほのかさんは，いとこの家へ遊びに行くのに，まず，電車に
　　1 時間 30 分，その後バスに 50 分乗りました。乗り物に乗った
　　時間は，あわせて何時間何分ですか。

（　　　　　　　　　）

② 時こくと時間のもとめ方
短い時間

名前

月　　日

① （　　）にあてはまることばや数を書きましょう。

　① 1分より短い時間のたんいに，（　　　　　）があります。

　② 1分＝（　　　　　）秒です。

② 下の⑦と④のストップウォッチは，それぞれ何秒を表していますか。

⑦ （　　　　　）秒

④ （　　　　　）秒

③ （　　）にあてはまる数を書きましょう。

　① 90秒＝（　　　　）分（　　　　）秒

　② 170秒＝（　　　　）分（　　　　）秒

　③ 3分＝（　　　　）秒

　④ 1分10秒＝（　　　　）秒

④ （　　）にあてはまる，時間のたんいを書きましょう。

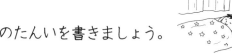

　① 1日にねる時間 ……………………… 8（　　　）

　② 100m走るのにかかった時間 ……………… 21（　　　）

　③ 昼休みの時間 …………………… 45（　　　）

---

② ふりかえり・たしかめ (1)
時こくと時間のもとめ方

名前

月　　日

① 次の時こくをもとめましょう。

　① 4時40分から40分後の時こく

　　（　　　　　　　　　　　）

　② 4時40分から50分前の時こく

　　（　　　　　　　　　　　）

② ゆうまさんは，午前10時20分から，午前11時10分まで，公園で遊びました。公園で遊んだ時間は何分ですか。

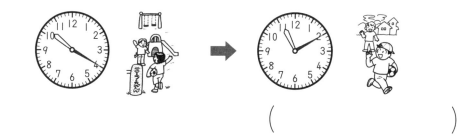

（　　　　　　　　　　　）

③ （　　）にあてはまる数を書きましょう。

　① 110秒＝（　　　　）分（　　　　）秒

　② 100分＝（　　　　）時間（　　　　）分

④ （　　）にあてはまる，時間のたんいを書きましょう。

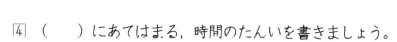

　① 算数のじゅぎょうの時間 ……………… 45（　　　）

　② 手をあらう時間 ………………………… 20（　　　）

　③ 朝，学校に着いてからきゅう食までの時間 ………… 4（　　　）

2 ふりかえり・たしかめ (2)
時こくと時間のもとめ方

名前

1　家を 7 時 30 分に出て，35 分後に駅に着きました。
　着いた時こくは何時何分ですか。

（　　　　　　　　）

2　駅から遊園地まで，電車で 45 分かかります。
　9 時 10 分までに遊園地に着くためには，何時何分までに
　電車に乗らなければならないでしょうか。

（　　　　　　　　）

3　遊園地を午前 10 時 50 分に出て，
　レストランに午前 11 時 10 分に着きました。
　遊園地からレストランまで，
　かかった時間は何分ですか。

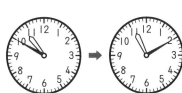

（　　　　　　　　）

4　遊園地にいた時間は 1 時間 40 分，
　レストランにいた時間は 30 分です。
　あわせて何時間何分ですか。

（　　　　　　　　）

 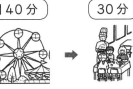

1時間40分	30分

2 チャレンジ
時こくと時間のもとめ方

名前

1　時間のたし算やひき算を筆算でしましょう。

①
```
　　1　時間　20 分
＋　2　時間　10 分
```
　　□ 時間 □ 分

②
```
　　1　時間　50 分
＋　2　時間　30 分
```
　　4 時間 □ 分

③
```
　　2　時間　40 分
＋　1　時間　30 分
```

④
```
　　8　時間　50 分
－　5　時間　40 分
```

⑤
```
　　7　時間
－　3　時間　40 分
```

⑥
```
　　6　時間　20 分
－　2　時間　50 分
```

2　3 つの時間のたし算を筆算でしましょう。
　何日何時間何分ですか。

24 時間＝ 1 日だね。

```
　　8　時間　20 分
　　9　時間　40 分
＋　8　時間　30 分
```

2 まとめのテスト (1)

時こくと時間のもとめ方

名前

【知識・技能】

① 次の時こくをもとめましょう。(6×4)

① 3時20分から50分後の時こく

（　　　　　　　）

② 9時50分から30分後の時こく

（　　　　　　　）

③ 5時10分から40分前の時こく

（　　　　　　　）

④ 11時15分から20分前の時こく

（　　　　　　　）

② 次の時間をもとめましょう。(6×3)

① 午前10時50分から午前11時10分までの
時間

（　　　　　　　）

② 午前7時20分から午前8時15分までの
時間

（　　　　　　　）

③ 午後2時40分から午後3時20分までの
時間

（　　　　　　　）

③ 次の時間をもとめましょう。(5×2)

① 40分と50分をあわせた時間

（　　　時間　　　）分

② 1時間50分と30分をあわせた時間

（　　　時間　　　）分

④ （　　）にあてはまる数を書きましょう。(5×6)

① 70秒=（　　　）分

② 100秒=（　　　）分

③ 150秒=（　　　）分

④ 3分=（　　　）秒

⑤ 1分30秒=（　　　）秒

⑥ 80分=（　　　）時間（　　　）分

⑤ （　　）にあてはまる，時間のたんいを
書きましょう。(6×3)

① 教室で紙ひこうきがとんでいる
時間‥‥‥‥5（　　　）

② 朝起きてから夜ねるまでの
時間‥‥‥‥15（　　　）

③ きゅう食の時間‥‥‥‥45（　　　）

14

2 まとめのテスト (2)
時こくと時間のもとめ方

【思考・判断・表現】

① 家を9時30分に出て、40分歩くと、スーパーマーケットに着きました。着いた時こくは何時何分ですか。(10)

② 2時20分からピアノの練習を45分しました。終わった時こくは何時何分ですか。(15)

③ 学校を午後3時50分に出て、家に午後4時10分に着きました。学校から家まで、かかった時間は何分ですか。(10)

④ 午前7時40分から、午前8時15分まで、読書をしました。読書をした時間は何分ですか。(15)

⑤ 家を出て40分かかって、水族館に10時25分に着きました。家を出た時こくは何時何分ですか。(10)

⑥ あつしさんの家から、かなさんの家まで30分かかります。11時15分までにかなさんの家に着くためには、おそくとも何時何分までに家を出なければならないでしょうか。(15)

⑦ 公園で、サッカーをしていた時間は50分、おにごっこをしていた時間は20分です。あわせて何時間何分ですか。(10)

⑧ 午前中に算数のプリントを1時間40分、午後に漢字の練習を45分しました。勉強をしていた時間は、あわせて何時間何分ですか。(15)

●みかんが 15 こあります。3 人で同じ数ずつ分けると，1 人分は何こになりますか。

① 絵を使って，1 人分の数を調べます。
3 人で同じ数ずつ，下の＿＿＿＿に分けましょう。

② わり算の式に表しましょう。

 ÷ ＝ □

十五　わる　三　は　五

③ 1 人分は何こになりますか。　□ こ

トライ
● ÷を練習しましょう。

●絵を使って答えをもとめ，式と答えを書きましょう。

① ドーナツが 20 こあります。5 人で同じ数ずつ分けます。
1 人分は何こになりますか。

式　□ ÷ □ ＝

答え □ こ

② 12 本のジュースを，2 人で同じ数ずつ分けると，1 人分は何本になりますか。

式

答え＿＿＿＿＿＿＿＿

③ わり算
1人分の数をもとめる計算（3）

① えん筆が18本あります。
6人で同じ数ずつ分けると，1人分は何本になりますか。

① 式を書きましょう。　　□　÷　□

② ①の答えは，何のだんの九九で見つけられますか。

（　　　　　）のだん

1人分の数	人数	全部の数
□ × 6	=	18
□ × 6	=	6 × □ だね。

③ 1人分は何本になりますか。

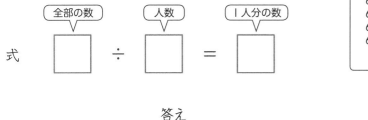

式　全部の数 □ ÷ 人数 □ ＝ 1人分の数 □

```
6×1＝6
6×2＝12
6×3＝18
6×4＝24
   ⋮
```

答え _____

② 21cmのテープがあります。
同じ長さずつ7本に切ります。
1本の長さは何cmになりますか。

式

- - - - 21cm - - - -

□ cm

答え _____

---

③ わり算
何人に分けられるかをもとめる計算（1）

① あめが12こあります。1人に4こずつ分けると，
何人に分けられますか。

① 絵を使って，何人に分けられるか調べます。1人に4こずつ，
下の□□□に分けましょう。

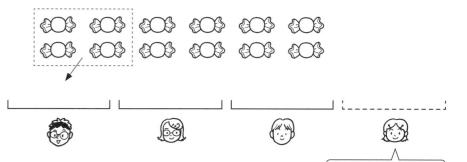

わたしの分もあるかな。

② わり算の式に表しましょう。

□　÷　□　＝　□

③ 何人に分けられますか。

（　　　　　）人

② （　）にあてはまることばを □□□ からえらんで書きましょう。

12 ÷ 4 の式で，12 を（　　　　　　　）といい，

4 を（　　　　　　　）といいます。

```
わる数　・　わられる数
```

3 わり算
何人に分けられるかをもとめる計算 (2)

名前

① いちごが 24 こあります。1人に 4 こずつ分けると，
何人に分けられますか。

① 式を書きましょう。

　□ ÷ □

② ①の答えは，何のだんの九九で見つけられますか。

（　　　　　）のだん

| 1人分の数 | 人数 | 全部の数 |

4 × □ = 24 だから…。

③ 何人に分けられますか。

| 全部の数 | | 1人分の数 | | 人数 |

式　□ ÷ □ = □

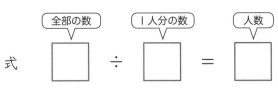

4 × 1 = 4
4 × 2 = 8
4 × 3 = 12
4 × 4 = 16
4 × 5 = 20
4 × 6 = 24
　：

答え _____

② 28cmのテープがあります。7cm ずつに切ると，何本になりますか。

────28cm────

7cm

式

答え _____

---

3 わり算
何人に分けられるかをもとめる計算 (3)

名前

● 下の㋐と㋑の 2 つの問題をくらべましょう。

㋐ 8 このチョコレートを，
2 人で同じ数ずつ分けると，
1 人分は何こになりますか。

㋑ 8 このチョコレートを，
1 人に 2 こずつ分けると，
何人に分けられますか。

① 式と答えを書きましょう。

㋐ 式　　　　　　　　　　　　㋑ 式

答え _____　　　　　答え _____

② ㋐と㋑の問題の場面を表すかけ算の式は，それぞれ下の㋕と㋖の
どちらですか。また，□にあてはまる数を書きましょう。

㋕ □ × 2 = 8　　　㋖ 2 × □ = 8

 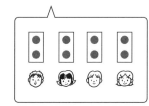

㋐（　　　　　）

㋑（　　　　　）

1 人分の数をもとめる　　何人に分けられるかを
　　　　　　　　　　　　もとめる。

③ ㋐と㋑の問題の答えをもとめるとき，どちらも何のだんの九九を
使えばよいでしょうか。

（　　　　　）のだん

③ わり算
何人に分けられるかをもとめる計算 (4)

名前

① 「18まいのクッキーを，…」につづけて，18÷2の式になる
問題を2つつくりましょう。

　⑦　1人分の数をもとめる問題

　　| 18まいのクッキーを， |
　　| |
　　| |

　①　何人に分けられるかをもとめる問題

　　| 18まいのクッキーを， |
　　| |
　　| |

② キャラメルが16こあります。

　①　2人で同じ数ずつ分けると，1人分は何こになりますか。

　式

　　　　　　　　　　　　答え _____

　②　1人に2こずつ分けると，何人に分けられますか。

　式

　　　　　　　　　　　　答え _____

③ わり算
0や1のわり算

名前

① かごに入っているりんごを，3人で同じ数ずつ分けます。
1人分は何こになるかをもとめる式を書きましょう。

　①　6こ入っているとき

    　□ ÷ 3 = □

　②　3こ入っているとき

   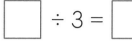 　□ ÷ 3 = □

　③　入っていないとき

    　□ ÷ 3 = □

② 6このドーナツを1こずつ分けると，何人に分けられますか。

式

　　　　　　　　　　　　　　　　　　答え _____

③ 計算をしましょう。

　①　7÷7　　　②　0÷5　　　③　4÷1　　　④　0÷2

　⑤　6÷1　　　⑥　4÷4　　　⑦　0÷9　　　⑧　8÷8

 ④ □にあてはまる数を1, 3, 5, 6の中からえらんで（　）の中
に書きましょう。答えは1つではないこともあります。

　①　□÷1＝5　　　②　□÷3＝1　　　③　0÷□＝0

　　（　　　）　　　　　（　　　）　　　　　（　　　）

① 35 ÷ 5 ＝　　② 16 ÷ 2 ＝　　③ 3 ÷ 3 ＝

④ 9 ÷ 1 ＝　　⑤ 4 ÷ 2 ＝　　⑥ 0 ÷ 4 ＝

⑦ 12 ÷ 2 ＝　　⑧ 4 ÷ 1 ＝　　⑨ 6 ÷ 3 ＝

⑩ 24 ÷ 4 ＝　　⑪ 15 ÷ 5 ＝　　⑫ 36 ÷ 4 ＝

⑬ 2 ÷ 2 ＝　　⑭ 24 ÷ 3 ＝　　⑮ 4 ÷ 4 ＝

⑯ 10 ÷ 5 ＝　　⑰ 5 ÷ 1 ＝　　⑱ 12 ÷ 4 ＝

⑲ 10 ÷ 2 ＝　　⑳ 8 ÷ 1 ＝　　㉑ 2 ÷ 1 ＝

㉒ 40 ÷ 5 ＝　　㉓ 28 ÷ 4 ＝　　㉔ 0 ÷ 3 ＝

㉕ 6 ÷ 2 ＝　　㉖ 18 ÷ 3 ＝　　㉗ 5 ÷ 5 ＝

㉘ 3 ÷ 1 ＝　　㉙ 16 ÷ 4 ＝　　㉚ 30 ÷ 5 ＝

㉛ 27 ÷ 3 ＝　　㉜ 14 ÷ 2 ＝　　㉝ 0 ÷ 5 ＝

㉞ 32 ÷ 4 ＝　　㉟ 20 ÷ 5 ＝　　㊱ 8 ÷ 2 ＝

㊲ 18 ÷ 2 ＝　　㊳ 0 ÷ 1 ＝　　㊴ 9 ÷ 3 ＝

㊵ 6 ÷ 1 ＝　　㊶ 45 ÷ 5 ＝　　㊷ 7 ÷ 1 ＝

㊸ 21 ÷ 3 ＝　　㊹ 8 ÷ 4 ＝　　㊺ 0 ÷ 2 ＝

㊻ 20 ÷ 4 ＝　　㊼ 15 ÷ 3 ＝　　㊽ 1 ÷ 1 ＝

㊾ 25 ÷ 5 ＝　　㊿ 12 ÷ 3 ＝

① 18 ÷ 3 ＝　　② 2 ÷ 1 ＝　　③ 5 ÷ 5 ＝

④ 24 ÷ 3 ＝　　⑤ 12 ÷ 2 ＝　　⑥ 8 ÷ 4 ＝

⑦ 0 ÷ 2 ＝　　⑧ 25 ÷ 5 ＝　　⑨ 28 ÷ 4 ＝

⑩ 8 ÷ 1 ＝　　⑪ 45 ÷ 5 ＝　　⑫ 36 ÷ 4 ＝

⑬ 8 ÷ 2 ＝　　⑭ 9 ÷ 3 ＝　　⑮ 0 ÷ 4 ＝

⑯ 20 ÷ 4 ＝　　⑰ 5 ÷ 1 ＝　　⑱ 24 ÷ 4 ＝

⑲ 18 ÷ 2 ＝　　⑳ 0 ÷ 1 ＝　　㉑ 35 ÷ 5 ＝

㉒ 12 ÷ 3 ＝　　㉓ 14 ÷ 2 ＝　　㉔ 4 ÷ 1 ＝

㉕ 15 ÷ 3 ＝　　㉖ 15 ÷ 5 ＝　　㉗ 16 ÷ 2 ＝

㉘ 2 ÷ 2 ＝　　㉙ 16 ÷ 4 ＝　　㉚ 21 ÷ 3 ＝

㉛ 9 ÷ 1 ＝　　㉜ 4 ÷ 4 ＝　　㉝ 30 ÷ 5 ＝

㉞ 0 ÷ 5 ＝　　㉟ 3 ÷ 3 ＝　　㊱ 6 ÷ 2 ＝

㊲ 7 ÷ 1 ＝　　㊳ 0 ÷ 3 ＝　　㊴ 40 ÷ 5 ＝

㊵ 27 ÷ 3 ＝　　㊶ 3 ÷ 1 ＝　　㊷ 10 ÷ 2 ＝

㊸ 32 ÷ 4 ＝　　㊹ 10 ÷ 5 ＝　　㊺ 6 ÷ 3 ＝

㊻ 6 ÷ 1 ＝　　㊼ 12 ÷ 4 ＝　　㊽ 20 ÷ 5 ＝

㊾ 1 ÷ 1 ＝　　㊿ 4 ÷ 2 ＝

① 72 ÷ 9 = 　② 12 ÷ 6 = 　③ 42 ÷ 7 =

④ 16 ÷ 8 = 　⑤ 54 ÷ 9 = 　⑥ 30 ÷ 6 =

⑦ 0 ÷ 7 = 　⑧ 48 ÷ 8 = 　⑨ 0 ÷ 9 =

⑩ 48 ÷ 6 = 　⑪ 72 ÷ 8 = 　⑫ 21 ÷ 7 =

⑬ 54 ÷ 6 = 　⑭ 27 ÷ 9 = 　⑮ 32 ÷ 8 =

⑯ 63 ÷ 7 = 　⑰ 0 ÷ 8 = 　⑱ 18 ÷ 6 =

⑲ 56 ÷ 8 = 　⑳ 7 ÷ 7 = 　㉑ 42 ÷ 6 =

㉒ 36 ÷ 9 = 　㉓ 49 ÷ 7 = 　㉔ 9 ÷ 9 =

㉕ 0 ÷ 6 = 　㉖ 63 ÷ 9 = 　㉗ 28 ÷ 7 =

㉘ 8 ÷ 8 = 　㉙ 24 ÷ 8 = 　㉚ 81 ÷ 9 =

㉛ 14 ÷ 7 = 　㉜ 18 ÷ 9 = 　㉝ 56 ÷ 7 =

㉞ 6 ÷ 6 = 　㉟ 40 ÷ 8 = 　㊱ 24 ÷ 6 =

㊲ 64 ÷ 8 = 　㊳ 35 ÷ 7 = 　㊴ 45 ÷ 9 =

㊵ 36 ÷ 6 = 　㊶ 49 ÷ 7 = 　㊷ 8 ÷ 8 =

㊸ 63 ÷ 9 = 　㊹ 48 ÷ 8 = 　㊺ 30 ÷ 6 =

㊻ 21 ÷ 7 = 　㊼ 54 ÷ 6 = 　㊽ 27 ÷ 9 =

㊾ 32 ÷ 8 = 　㊿ 35 ÷ 7 =

① 32 ÷ 8 = 　② 49 ÷ 7 = 　③ 9 ÷ 9 =

④ 21 ÷ 7 = 　⑤ 18 ÷ 9 = 　⑥ 36 ÷ 6 =

⑦ 54 ÷ 6 = 　⑧ 48 ÷ 8 = 　⑨ 7 ÷ 7 =

⑩ 0 ÷ 9 = 　⑪ 12 ÷ 6 = 　⑫ 40 ÷ 8 =

⑬ 6 ÷ 6 = 　⑭ 63 ÷ 7 = 　⑮ 18 ÷ 6 =

⑯ 56 ÷ 8 = 　⑰ 36 ÷ 9 = 　⑱ 14 ÷ 7 =

⑲ 35 ÷ 7 = 　⑳ 48 ÷ 6 = 　㉑ 56 ÷ 7 =

㉒ 42 ÷ 6 = 　㉓ 0 ÷ 8 = 　㉔ 18 ÷ 9 =

㉕ 54 ÷ 9 = 　㉖ 63 ÷ 9 = 　㉗ 12 ÷ 6 =

㉘ 0 ÷ 7 = 　㉙ 64 ÷ 8 = 　㉚ 14 ÷ 7 =

㉛ 72 ÷ 8 = 　㉜ 0 ÷ 6 = 　㉝ 56 ÷ 8 =

㉞ 27 ÷ 9 = 　㉟ 42 ÷ 7 = 　㊱ 72 ÷ 9 =

㊲ 24 ÷ 6 = 　㊳ 16 ÷ 8 = 　㊴ 24 ÷ 8 =

㊵ 56 ÷ 7 = 　㊶ 81 ÷ 9 = 　㊷ 48 ÷ 6 =

㊸ 8 ÷ 8 = 　㊹ 28 ÷ 7 = 　㊺ 63 ÷ 7 =

㊻ 72 ÷ 9 = 　㊼ 45 ÷ 9 = 　㊽ 54 ÷ 9 =

㊾ 30 ÷ 6 = 　㊿ 24 ÷ 8 =

❸ わり算
計算練習 (5)

名前

○ ÷ 1 ～ ○ ÷ 5

① $45 \div 5 =$　② $49 \div 7 =$　③ $15 \div 3 =$

④ $14 \div 2 =$　⑤ $6 \div 6 =$　⑥ $72 \div 9 =$

⑦ $8 \div 1 =$　⑧ $28 \div 7 =$　⑨ $6 \div 3 =$

⑩ $63 \div 7 =$　⑪ $24 \div 8 =$　⑫ $12 \div 4 =$

⑬ $2 \div 2 =$　⑭ $48 \div 6 =$　⑮ $27 \div 3 =$

⑯ $35 \div 5 =$　⑰ $7 \div 7 =$　⑱ $64 \div 8 =$

⑲ $4 \div 1 =$　⑳ $24 \div 4 =$　㉑ $45 \div 9 =$

㉒ $30 \div 6 =$　㉓ $0 \div 8 =$　㉔ $8 \div 2 =$

㉕ $10 \div 5 =$　㉖ $54 \div 9 =$　㉗ $3 \div 1 =$

㉘ $0 \div 4 =$　㉙ $6 \div 1 =$　㉚ $16 \div 8 =$

㉛ $0 \div 9 =$　㉜ $18 \div 2 =$　㉝ $36 \div 6 =$

㉞ $20 \div 5 =$　㉟ $32 \div 4 =$　㊱ $0 \div 3 =$

㊲ $56 \div 8 =$　㊳ $10 \div 2 =$　㊴ $21 \div 7 =$

㊵ $8 \div 4 =$　㊶ $9 \div 9 =$　㊷ $0 \div 1 =$

㊸ $3 \div 3 =$　㊹ $24 \div 6 =$　㊺ $0 \div 5 =$

㊻ $9 \div 3 =$　㊼ $4 \div 2 =$　㊽ $42 \div 6 =$

㊾ $30 \div 5 =$　㊿ $72 \div 8 =$

❸ わり算
計算練習 (6)

名前

○ ÷ 1 ～ ○ ÷ 5

① $56 \div 7 =$　② $36 \div 4 =$　③ $0 \div 2 =$

④ $36 \div 9 =$　⑤ $5 \div 5 =$　⑥ $12 \div 3 =$

⑦ $81 \div 9 =$　⑧ $18 \div 6 =$　⑨ $16 \div 2 =$

⑩ $40 \div 8 =$　⑪ $9 \div 1 =$　⑫ $0 \div 7 =$

⑬ $18 \div 3 =$　⑭ $25 \div 5 =$　⑮ $48 \div 8 =$

⑯ $2 \div 1 =$　⑰ $16 \div 4 =$　⑱ $54 \div 6 =$

⑲ $6 \div 2 =$　⑳ $42 \div 7 =$　㉑ $40 \div 5 =$

㉒ $4 \div 4 =$　㉓ $7 \div 1 =$　㉔ $18 \div 9 =$

㉕ $0 \div 6 =$　㉖ $24 \div 3 =$　㉗ $35 \div 7 =$

㉘ $63 \div 9 =$　㉙ $12 \div 6 =$　㉚ $21 \div 3 =$

㉛ $1 \div 1 =$　㉜ $32 \div 8 =$　㉝ $15 \div 5 =$

㉞ $8 \div 8 =$　㉟ $28 \div 4 =$　㊱ $5 \div 1 =$

㊲ $20 \div 4 =$　㊳ $12 \div 2 =$　㊴ $27 \div 9 =$

㊵ $14 \div 7 =$　㊶ $36 \div 6 =$　㊷ $3 \div 3 =$

㊸ $63 \div 7 =$　㊹ $18 \div 2 =$　㊺ $12 \div 4 =$

㊻ $72 \div 8 =$　㊼ $45 \div 9 =$　㊽ $9 \div 3 =$

㊾ $30 \div 5 =$　㊿ $24 \div 6 =$

3 わり算
文章題

名前

月　日

□1　子どもが4人います。24まいの色紙を同じ数ずつ
　　分けます。1人分は何まいになりますか。

式

答え　＿＿＿＿＿＿＿＿

□2　30dLのお茶を，6dLずつ水とうに分けるには，
　　水とうは何こいりますか。

式

答え　＿＿＿＿＿＿＿＿

□3　28人の子どもを，同じ人数ずつ7つのチームに分けます。
　　1チームは何人になりますか。

式

答え　＿＿＿＿＿＿＿＿

□4　64ページの本があります。1日に8ページずつ
　　読むと，何日で読み終わりますか。

式

答え　＿＿＿＿＿＿＿＿

---

3 ふりかえり・たしかめ (1)
わり算

名前

月　日

① 8÷2＝
② 48÷8＝
③ 40÷5＝
④ 49÷7＝
⑤ 5÷1＝
⑥ 6÷3＝
⑦ 54÷6＝
⑧ 16÷4＝
⑨ 27÷9＝
⑩ 12÷4＝
⑪ 63÷7＝
⑫ 14÷2＝
⑬ 36÷4＝
⑭ 24÷8＝
⑮ 30÷6＝
⑯ 3÷3＝
⑰ 10÷5＝
⑱ 3÷1＝
⑲ 7÷7＝
⑳ 45÷9＝
㉑ 9÷1＝
㉒ 30÷5＝
㉓ 28÷7＝
㉔ 81÷9＝
㉕ 6÷6＝
㉖ 72÷9＝
㉗ 5÷5＝
㉘ 16÷2＝
㉙ 64÷8＝
㉚ 28÷4＝
㉛ 9÷9＝
㉜ 36÷6＝
㉝ 8÷1＝
㉞ 27÷3＝
㉟ 20÷5＝
㊱ 10÷2＝
㊲ 18÷3＝
㊳ 21÷7＝
㊴ 32÷8＝
㊵ 48÷6＝
㊶ 8÷4＝
㊷ 7÷1＝
㊸ 21÷3＝
㊹ 16÷8＝
㊺ 56÷7＝
㊻ 45÷5＝
㊼ 18÷9＝
㊽ 1÷1＝
㊾ 25÷5＝
㊿ 2÷2＝
51 56÷8＝
52 24÷6＝
53 14÷7＝
54 54÷9＝
55 6÷1＝
56 18÷2＝
57 32÷4＝
58 8÷8＝
59 24÷3＝
60 12÷6＝
61 15÷3＝
62 4÷1＝
63 42÷6＝
64 24÷4＝
65 40÷8＝
66 42÷7＝
67 6÷2＝
68 15÷5＝
69 2÷1＝
70 4÷4＝
71 12÷3＝
72 72÷8＝
73 12÷2＝
74 18÷6＝
75 35÷5＝
76 36÷9＝
77 4÷2＝
78 20÷4＝
79 9÷3＝
80 35÷7＝
81 63÷9＝

□もん／
／81もん

3 ふりかえり・たしかめ (2)
わり算

名前

① 27dL のジュースを，3dL ずつコップに分けると，コップは何こいりますか。

式

答え _____

② 42 ひきの金魚を，同じ数ずつ 6 つの水そうに分けて入れます。1 つの水そうは，何びきずつになりますか。

式

答え _____

③ クッキーを 4 まいずつふくろに入れます。クッキーは 32 まいあります。クッキーのふくろはいくつできますか。

式

答え _____

④ 答えをもとめる式が，12 ÷ 3 になる問題 2 つに○をつけましょう。

⑦（　　）チューリップが 12 本あります。3 本ずつたばにして，花たばを作ります。花たばはいくつできますか。

⑦（　　）12 まいのおさらに，いちごを 3 こずつ入れます。いちごは何こいりますか。

⑦（　　）リボンが 12cm あります。3cm 使うと，のこりは何 cm ですか。

⑦（　　）お茶が 12dL あります。3 つのコップに同じかさずつ分けて入れると，1 つのコップは何 dL になりますか。

3 チャレンジ
わり算

名前

● ゼリー 12 ことあめ 16 こを，次のようなルールでふくろに入れます。

＜ルール＞
・1 つのふくろにゼリーとあめの両方を入れる。
・それぞれのふくろのゼリーの数は同じ。
・それぞれのふくろのあめの数は同じ。

① ゼリー 12 こを，同じ数ずついくつかのふくろに分けて入れるには，どのような分け方があるか，表にまとめましょう。
わり算で答えをもとめて，われないときは，「—」と書きましょう。

ふくろの数（ふくろ）	1	2	3	4	5	6	7	8
1 ふくろのゼリーの数（こ）	12	6			—			

② あめ 16 こを，同じ数ずついくつかのふくろに分けて入れるには，どのような分け方があるか，表にまとめましょう。
わり算で答えをもとめて，われないときは，「—」と書きましょう。

ふくろの数（ふくろ）	1	2	3	4	5	6	7	8
1 ふくろのあめの数（こ）	16							

③ ゼリーとあめを，同じふくろの数で，どちらもあまりが出ないように分けられるのは，ふくろの数がいくつのときですか。また，そのふくろの数のとき，1 つのふくろに入っているゼリーとあめの数は，それぞれ何こですか。

（　　　）ふくろのとき，ゼリー（　　　）こ，あめ（　　　）こ

（　　　）ふくろのとき，ゼリー（　　　）こ，あめ（　　　）こ

（　　　）ふくろのとき，ゼリー（　　　）こ，あめ（　　　）こ

3 まとめのテスト
わり算

[知識・技能]

① 次の①と②の問題の場面を表しているのは、下の図の⑦、①のどちらですか。（　）に記号を書きましょう。(4×2)

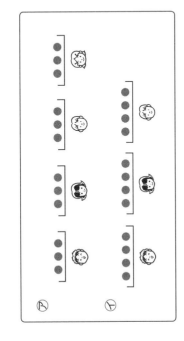

① 12このチョコレートを、3人で同じ数ずつ分けると、1人分は何こになりますか。
（　　）

② 12このチョコレートを、1人に3こずつ分けると、何人に分けられますか。
（　　）

② 計算をしましょう。(3×14)

① 10÷2＝　　② 24÷4＝

③ 63÷7＝　　④ 2÷1＝

⑤ 32÷4＝　　⑥ 48÷6＝

⑦ 5÷5＝　　⑧ 12÷3＝

⑨ 12÷6＝　　⑩ 30÷5＝

⑪ 0÷7＝　　⑫ 24÷3＝

⑬ 36÷9＝　　⑭ 56÷8＝

[思考・判断・表現]

③ 32cmのリボンがあります。4cmずつに切ると、何本になりますか。(5×2)

式

答え

④ 子どもが3人います。21まいのシールを同じ数ずつ分けます。1人分は何まいになりますか。(5×2)

式　

答え

⑤ パンを25こやきました。5人で同じ数ずつ分けると、1人分は何こになりますか。(5×2)

式　

答え

⑥ ボールが48こあります。6こずつかごに入れると、かごは何こいりますか。(5×2)

式

答え

⑦ 「6このケーキを、…」につづけて、6÷2の式になる、何人に分けられるかともとめる問題をつくりましょう。(10)

6このケーキを、

4 たし算とひき算の筆算
3けたの数のたし算 (1)

名前

くり上がりなし

1 412円のケーキと，156円のシュークリームを買います。
代金はいくらですか。

式

筆算

答え＿＿＿＿＿＿＿＿＿＿

> 位をそろえて書き，
> 一の位から
> じゅんに位ごとに
> 計算しよう。

2 筆算でしましょう。

① 726 + 253　② 236 + 122　③ 407 + 291　④ 514 + 352

⑤ 346 + 213　⑥ 512 + 284　⑦ 341 + 415　⑧ 446 + 511

  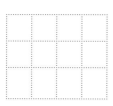 

3 右の筆算で，⑦は，どんな数が
7こあることを表していますか。

（　　　　　　　　）

```
  5 1 2
+ 2 3 6
-------
 [7]4 8
```

---

4 たし算とひき算の筆算
3けたの数のたし算 (2)

名前

くり上がり1回

① 628 + 269　② 412 + 138　③ 472 + 85　④ 335 + 74

  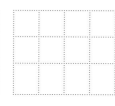 

⑤ 509 + 364　⑥ 166 + 751　⑦ 41 + 680　⑧ 737 + 145

 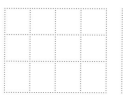 

⑨ 453 + 164　⑩ 562 + 429　⑪ 753 + 184　⑫ 618 + 134

 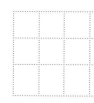 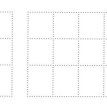 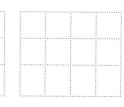

⑬ 365 + 227　⑭ 238 + 246　⑮ 56 + 391　⑯ 672 + 266

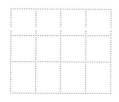  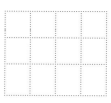 

4 たし算とひき算の筆算
3けたの数のたし算（3）

名前

くり上がり2回

① 筆算でしましょう。

① 369 + 51　　② 607 + 195　　③ 453 + 99　　④ 35 + 777

⑤ 28 + 692　　⑥ 648 + 184　　⑦ 198 + 398　　⑧ 783 + 158

⑨ 597 + 223　　⑩ 488 + 358　　⑪ 727 + 196　　⑫ 864 + 77

② □に数字を入れ，正しい筆算をつくりましょう。

①
```
    □ 6 8
 +  2 8 □
 ───────
   7 5 3
```

②
```
   3 □ □
 + □ 9 5
 ───────
 8 5 0
```

2けたの筆算と同じやり方でできるね。

---

4 たし算とひき算の筆算
3けたの数のたし算（4）

名前

4けたになるたし算

① 筆算でしましょう。

① 916 + 84　　② 533 + 823　　③ 296 + 939　　④ 509 + 497

⑤ 789 + 543　　⑥ 868 + 404　　⑦ 524 + 486　　⑧ 657 + 684

⑨ 351 + 966　　⑩ 899 + 673　　⑪ 572 + 588　　⑫ 467 + 785

② □に数字を入れ，正しい筆算をつくりましょう。

①
```
   □ 2 8
 + 5 □ □
 ───────
 □ 3 2 2
```

②
```
   □ 3 □
 + 6 □ 9
 ───────
 □ 4 6 6
```

いろいろな型

① 758 + 112　② 369 + 358　③ 857 + 638　④ 723 + 154

⑤ 637 + 238　⑥ 446 + 428　⑦ 539 + 185　⑧ 598 + 954

⑨ 772 + 158　⑩ 634 + 299　⑪ 295 + 562　⑫ 963 + 79

⑬ 372 + 354　⑭ 284 + 377　⑮ 345 + 413　⑯ 678 + 191

いろいろな型

① 748 + 196　② 987 + 467　③ 528 + 335　④ 494 + 355

⑤ 365 + 396　⑥ 472 + 315　⑦ 243 + 263　⑧ 869 + 558

⑨ 474 + 177　⑩ 248 + 428　⑪ 687 + 264　⑫ 634 + 254

⑬ 316 + 559　⑭ 792 + 889　⑮ 547 + 182　⑯ 162 + 158

4 たし算とひき算の筆算
3けたの数のたし算（7）

名前

いろいろな型

① 683 + 155　② 545 + 242　③ 469 + 459　④ 657 + 124

⑤ 495 + 867　⑥ 283 + 327　⑦ 595 + 668　⑧ 728 + 229

⑨ 527 + 398　⑩ 552 + 256　⑪ 334 + 365　⑫ 764 + 182

⑬ 38 + 185　⑭ 973 + 838　⑮ 822 + 99　⑯ 412 + 179

4 たし算とひき算の筆算
3けたの数のたし算（8）

名前

いろいろな型

① 423 + 461　② 368 + 314　③ 728 + 191　④ 204 + 396

⑤ 867 + 593　⑥ 468 + 57　⑦ 519 + 147　⑧ 37 + 684

⑨ 984 + 99　⑩ 338 + 181　⑪ 483 + 272　⑫ 542 + 788

⑬ 262 + 317　⑭ 573 + 297　⑮ 294 + 278　⑯ 629 + 269

4 たし算とひき算の筆算
3けたの数のたし算 (9)

1　バニラクッキーを267こ, ココアクッキーを154こやきました。クッキーを全部で何こやきましたか。

式

答え ＿＿＿＿＿＿＿＿

2　きのう, わかざりを189こ作りました。今日は, きのうより133こ多く作りました。今日は, わかざりを何こ作りましたか。

式

答え ＿＿＿＿＿＿＿＿

3　なつきさんは, 742円持っています。お母さんから465円もらいました。なつきさんが持っているお金は全部でいくらになりましたか。

式

答え ＿＿＿＿＿＿＿＿

4　図書館のきのうの入場者数は, 午前が348人, 午後が562人でした。図書館のきのう1日の入場者数は何人ですか。

式

答え ＿＿＿＿＿＿＿＿

---

4 たし算とひき算の筆算
3けたの数のひき算 (1)

くり下がりなし

1　あかねさんは496円持っています。142円のノートを買うと, 何円のこりますか。

式

筆算

位をそろえて書き, 一の位からじゅんに位ごとに計算しよう。

答え ＿＿＿＿＿＿＿＿

2　筆算でしましょう。

① 896 − 322　② 566 − 232　③ 952 − 211　④ 315 − 103

  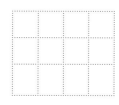 

⑤ 765 − 421　⑥ 853 − 632　⑦ 578 − 154　⑧ 698 − 568

  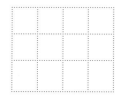 

⑨ 489 − 175　⑩ 963 − 520　⑪ 875 − 464　⑫ 756 − 123

4 たし算とひき算の筆算
3けたの数のひき算（2）

くり下がり１回

① 625 − 331　② 782 − 455　③ 616 − 185　④ 247 − 52

⑤ 840 − 836　⑥ 310 − 8　⑦ 460 − 155　⑧ 518 − 192

⑨ 425 − 162　⑩ 627 − 19　⑪ 826 − 353　⑫ 915 − 8

⑬ 768 − 249　⑭ 662 − 514　⑮ 708 − 26　⑯ 857 − 675

4 たし算とひき算の筆算
3けたの数のひき算（3）

くり下がり２回

1　筆算でしましょう。

① 524 − 269　② 355 − 59　③ 721 − 438　④ 462 − 74

⑤ 618 − 239　⑥ 425 − 88　⑦ 410 − 274　⑧ 346 − 178

⑨ 872 − 185　⑩ 913 − 358　⑪ 227 − 138　⑫ 534 − 496

トライ 2　□に数字を入れ，正しい筆算をつくりましょう。

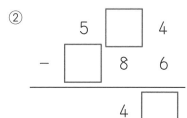

①
```
   3 2 □
 −  1 □ 7
 ─────────
   1 8 4
```

②
```
   5 □ 4
 − □ 8 6
 ─────────
     4 □
```

① 304 − 167 を筆算でしましょう。

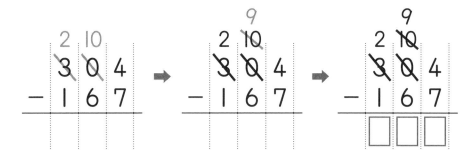

十の位からはくり下げられ
ないので，百の位から
十の位に1くり下げる。

十の位から一の位に
1くり下げる。

一の位は14−7，
十の位は9−6，
百の位は2−1に
なるね。

② 筆算でしましょう。

① 506 − 188　② 603 − 525　③ 401 − 56　④ 708 − 9

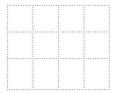 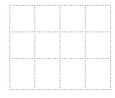 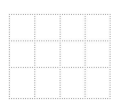 

⑤ 300 − 6　⑥ 802 − 207　⑦ 900 − 423　⑧ 205 − 199

① 筆算でしましょう。

① 402 − 274　② 604 − 69　③ 501 − 9　④ 705 − 386

② こうたさんとありささんはシールを 202 まいずつ持っています。
こうたさんは 185 まい，ありささんは 74 まい使いました。
それぞれ，あと何まいのこっていますか。

式

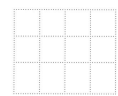

答え　こうたさん　　　　　　　，ありささん

トライ

③ 0, 1, 3, 5, 7 の5まいのカードを□にあてはめて3けた
の筆算をつくります。つくったひき算の答えの中で，いちばん
小さい数はいくつですか。

答え（　　　　　）

4 たし算とひき算の筆算
3けたの数のひき算 (6)

名前

いろいろな型

① 752 － 123　　② 623 － 146　　③ 482 － 291　　④ 873 － 452

⑤ 462 － 346　　⑥ 620 － 14　　⑦ 312 － 188　　⑧ 591 － 134

⑨ 377 － 184　　⑩ 601 － 335　　⑪ 923 － 547　　⑫ 308 － 35

⑬ 711 － 363　　⑭ 695 － 133　　⑮ 306 － 168　　⑯ 625 － 274

4 たし算とひき算の筆算
3けたの数のひき算 (7)

名前

いろいろな型

① 964 － 152　　② 522 － 253　　③ 628 － 254　　④ 428 － 55

⑤ 781 － 426　　⑥ 211 － 88　　⑦ 390 － 137　　⑧ 717 － 365

⑨ 334 － 37　　⑩ 540 － 155　　⑪ 643 － 322　　⑫ 902 － 855

⑬ 835 － 662　　⑭ 472 － 119　　⑮ 305 － 148　　⑯ 622 － 343

いろいろな型

① 865 − 251　② 348 − 173　③ 320 − 4　④ 522 − 176

⑤ 603 − 164　⑥ 784 − 157　⑦ 927 − 464　⑧ 715 − 427

⑨ 492 − 244　⑩ 448 − 92　⑪ 628 − 479　⑫ 804 − 478

⑬ 652 − 541　⑭ 474 − 288　⑮ 815 − 342　⑯ 581 − 125

いろいろな型

① 314 − 43　② 905 − 118　③ 526 − 184　④ 613 − 267

⑤ 348 − 126　⑥ 692 − 128　⑦ 418 − 256　⑧ 400 − 391

⑨ 894 − 521　⑩ 923 − 82　⑪ 527 − 169　⑫ 842 − 566

⑬ 963 − 419　⑭ 756 − 496　⑮ 786 − 358　⑯ 433 − 268

4 たし算とひき算の筆算
3けたの数のひき算（10）

名前

① 水とうにお茶が 250mL 入っています。125mL 飲みました。
のこりは何 mL ですか。

式

答え _____

② ケーキは542円, プリンは265円です。どちらが何円高いですか。

式

答え _____

③ 赤い花と白い花があわせて 406 本さいています。そのうち,
赤い花は 237 本です。白い花は何本さいていますか。

式

答え _____

④ 科学館の今日の入場者数は, きのうより 67 人多く, 473 人でした。
きのうの入場者数は何人ですか。

式

答え _____

---

4 たし算とひき算の筆算
千からのひき算

名前

① 653 円の本を買うために, レジで 1000 円さつを出しました。
おつりはいくらですか。

式

筆算

答え _____

② 筆算でしましょう。

① 1000 − 262　　② 1000 − 47　　③ 1000 − 596　　④ 1000 − 83

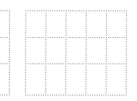

⑤ 1000 − 371　　⑥ 1000 − 724　　⑦ 1000 − 425　　⑧ 1000 − 29

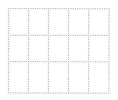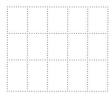

③ 答えが 1000 になる式を, 2 つつくりましょう。

　＋　[　　　]　＝　1000

　＋　[　　　]　＝　1000

4 たし算とひき算の筆算
大きい数の筆算 (1)

名前

① 3567 ＋ 4851

② 5486 ＋ 84

③ 6839 ＋ 676

④ 358 ＋ 9375

⑤ 2374 ＋ 3626

⑥ 7293 ＋ 1982

⑦ 4923 ＋ 4896

⑧ 8167 ＋ 1649

⑨ 4285 ＋ 2697

⑩ 5925 ＋ 3865

数が大きくても，
これまでと同じように
一の位からじゅんに計算しよう。

4 たし算とひき算の筆算
大きい数の筆算 (2)

名前

① 4657 － 2375

② 8026 － 3958

③ 3182 － 826

④ 6027 － 58

⑤ 5213 － 1635

⑥ 7032 － 4953

⑦ 9531 － 4670

⑧ 8675 － 928

⑨ 7242 － 5671

⑩ 5492 － 1878

ひけないときは，
上の位から
1くり下げてこよう。

4 たし算とひき算の筆算
大きい数の筆算 (3)

名前

4 ふりかえり・たしかめ (1)
たし算とひき算の筆算

名前

1　0から9までの10まいのカードのうち，8まいを使って，次の答えになるたし算の式をつくりましょう。

| 0 | 1 | 2 | 3 | 4 | 5 | 6 | 7 | 8 | 9 |

① 8000

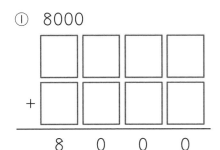

② 4000

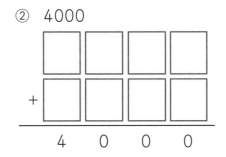

③ 7000

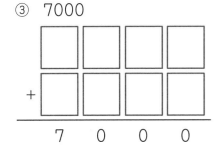

筆算で考えるといいね。

2　2432円の国語じてんを買います。レジで5000円さつを出すと，おつりはいくらですか。

式

答え _____

1　筆算でしましょう。

① 263 + 524　　② 667 + 153　　③ 492 + 321　　④ 708 + 854

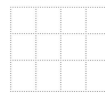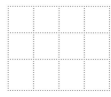

⑤ 630 − 623　　⑥ 308 − 169　　⑦ 874 − 352　　⑧ 542 − 188

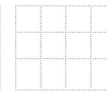

2　水族館の土曜日の入場者数は，412人で，金曜日より128人多いです。金曜日の入場者数は何人ですか。

式

答え _____

3　メロンパンは236円，あんパンは157円です。

①　メロンパンとあんパンを1こずつ買うと，代金は何円になりますか。

式

答え _____

②　どちらが何円高いですか。

式

答え _____

4 ふりかえり・たしかめ (2)
たし算とひき算の筆算
名前

□1 筆算でしましょう。

① 6748 + 1754

② 1656 + 2588

③ 7504 + 567

④ 7367 + 2198

⑤ 1000 - 344

⑥ 1000 - 66

⑦ 3423 - 1684

⑧ 8202 - 5678

□2 次の筆算はまちがっています。(　　)に正しい答えを書きましょう。

①
```
  378
+ 625
─────
  993
```
(　　　　　)

②
```
 2685
+ 231
─────
 4995
```
(　　　　　)

③
```
  963
- 434
─────
  429
```
(　　　　　)

④
```
 1000
-  382
─────
  728
```
(　　　　　)

4 チャレンジ
たし算とひき算の筆算
名前

● ひき算の筆算の問題をつくり，答えをくらべてみましょう。

┌─ <問題のつくり方> ─────────────────
│　　　　　　　　　　　　　　　　　　　　　　　　（れい）
│　1，2，3，4，5，6，7，8，9 の中から，
│　れんぞくした 4 つの数字をえらぶ。　　　　（5，6，7，8）
│　　　　　　　　↓
│　えらんだ 4 つの数字を左から大きいじゅんにならべて，
│　4 けたの数をつくる。　　　　　　　　　　　（8765）
│　　　　　　　　↓
│　えらんだ 4 つの数字を左から小さいじゅんにならべて，
│　4 けたの数をつくる。　　　　　　　　　　　（5678）
│　　　　　　　　↓
│　大きいじゅんにならべた数から，小さいじゅんに
│　ならべた数をひく。
│　　　　　　　　　　　　　　　　　　　　　　8765
│　　　　　　　　　　　　　　　　　　　　　-5678
│　　　　　　　　　　　　　　　　　　　　　─────
│　　　　　　　　　　　　　　　　　　　　　3087
└──────────────────────────

① 上のつくり方で，問題を 2 つつくり，答えをもとめましょう。

(　　　　　) - (　　　　　) = (　　　　　)

(　　　　　) - (　　　　　) = (　　　　　)

② 4 つの数字を 3 つの数字にして，問題を 2 つつくり，答えをもとめましょう。

(　　　　　) - (　　　　　) = (　　　　　)

(　　　　　) - (　　　　　) = (　　　　　)

③ 4 つの数字を 2 つの数字にして，問題を 2 つつくり，答えをもとめましょう。

(　　　　　) - (　　　　　) = (　　　　　)

(　　　　　) - (　　　　　) = (　　　　　)

④ あてはまる方を○でかこみましょう。
　①，②，③でそれぞれつくった問題の答えは，2 つとも (同じ・ちがっている)。

❹ まとめのテスト
たし算とひき算の筆算

[知識・技能]

① 筆算でしましょう。(4×10)

① 424 + 265

② 765 + 126

③ 398 + 437

④ 859 + 563

⑤ 6357 + 2873

⑥ 546 - 135

⑦ 952 - 367

⑧ 607 - 249

⑨ 1000 - 674

⑩ 5276 - 1892

② 次の筆算はまちがっています。( )に正しい答えを書きましょう。(5×2)

①
```
  2 7 3
+ 2 5 3
─────
  4 2 6
```
(   )

②
```
  3 0 2
- 1 5 4
─────
  1 5 8
```
(   )

[思考・判断・表現]

③ 遊園地の今日の入場者数は、子どもがおとなより78人多く、325人でした。おとなの入場者数は何人ですか。(5×2)

式

答え

④ 下のようなくだものが売られています。

バナナ 138円

ぶどう 980円

パイナップル 846円

すいか 3240円

① バナナとパイナップルを買うと、あわせていくらになりますか。(5×2)

式

答え

② ぶどうとパイナップルでは、どちらが何円高いですか。(5×2)

式

答え

③ すいかを買うために、レジで5000円さつを出しました。おつりはいくらですか。(5×2)

式

答え

⑤ あさがおのたねが147こあります。お姉さんから53こもらいました。あさがおのたねは全部で何こになりましたか。(5×2)

式

答え

名前

月　　日

● 1mのものさしを2本使って，本だなの高さを
はかったら，下のようになりました。本だなの高さは，
何cmですか。

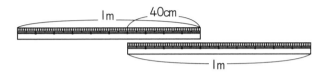

① 図を使って考えます。下の図の（　）にあてはまる数を書きましょう。

本だなの高さ

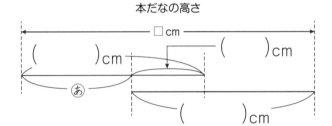

② 次の2つの考え方で答えをもとめましょう。

㋐ 2本のものさしをたした長さから，重なっている部分の長さを
ひきます。

1m = （　　　　　）cm

（　　　　　） + 100 − （　　　　　） = （　　　　　）

答え（　　　　　　）cm

㋑ まず，㋐の部分の長さをもとめます。

100 − （　　　　　） = （　　　　　）

次に，全体の長さをもとめます。

（　　　　　） + 100 = （　　　　　）

答え（　　　　　　）cm

1 1mのものさしを2本使って，ロープの長さをはかったら，
下の図のようになりました。ロープの長さは，何cmですか。

ロープの長さ

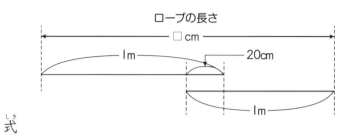

式

答え

2 95cmのテープに80cmのテープをつなぎます。つなぎめの
長さを25cmにすると，テープの長さは全体で何cmになりますか。
図を使って考えましょう。

① 下の図の（　）にあてはまる数を書きましょう。

全体のテープの長さ

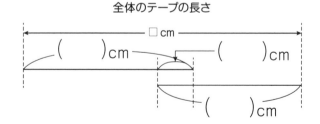

② テープの長さは全体で何cmになりますか。

式

答え

40

● 120cmのリボンに，70cmのリボンをつなぎます。リボンの長さを全体で180cmにしようと思います。つなぎめの長さは何cmにすればよいですか。

① 図を使って考えます。下の図の(　)にあてはまる数を書きましょう。

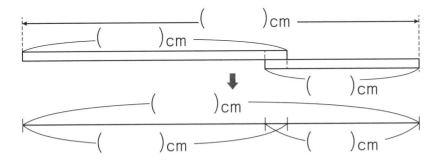

② 2本のリボンの長さをあわせると何cmになりますか。

式

答え＿＿＿＿＿＿＿＿＿＿

③ つないだリボンの全体の長さは，②でもとめた2本のリボンをあわせた長さより，何cm短いですか。

式

答え＿＿＿＿＿＿＿＿＿＿

④ つなぎめの長さは何cmにすればよいですか。

(　　　　　　　　　)

1 80cmのテープに，130cmのテープをつなぎます。テープの長さを全体で195cmにしようと思います。つなぎめの長さは何cmにすればよいですか。

① 図をかきましょう。

② 式と答えを書きましょう。

式

答え＿＿＿＿＿＿＿＿＿＿

2 1mのものさしを2本使って，れいぞう庫の高さをはかったら，ものさしが重なっている部分の長さは，30cmでした。れいぞう庫の高さは，何cmですか。

① 図をかきましょう。

② 式と答えを書きましょう。

式

答え＿＿＿＿＿＿＿＿＿＿

5 長いものの長さのはかり方と表し方

長いものの長さのはかり方 (1)

1 次のまきじゃくで，↓のめもりが表している長さを書きましょう。

①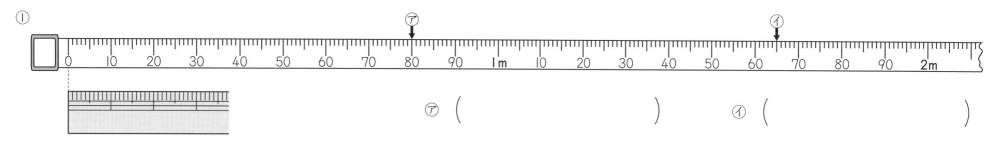

ア （　　　　　　　　　　）　　イ （　　　　　　　　　　）

②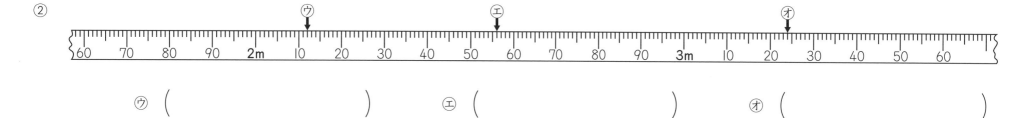

ウ （　　　　　　　　　　）　エ （　　　　　　　　　　）　オ （　　　　　　　　　　）

③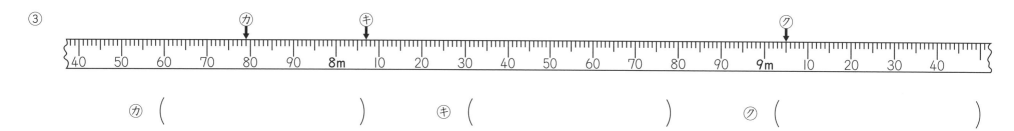

カ （　　　　　　　　　　）　キ （　　　　　　　　　　）　ク （　　　　　　　　　　）

トライ
2 次のまきじゃくで，ア〜イまでの長さは何 m 何 cm ですか。

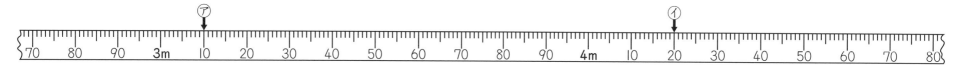

（　　　　　　　　　　）

① 次のまきじゃくで，⑦〜⑳の長さを表すめもりに，↓をかきましょう。

① ⑦ 3m40cm　② 3m85cm　⑦ 4m20cm

```
30  40  50  60  70  80  90  4m  10  20  30
```

② ⑤ 10m55cm　⑥ 10m90cm　⑥ 11m15cm

```
30  40  50  60  70  80  90  11m  10  20  30  40  50
```

② 次の長さをはかります。下の □□□ の⑦〜⑤のどれを使えばよいですか。（　）に記号を書きましょう。

① 木のまわりの長さ　　　　　（　　　）

② 教科書の横の長さ　　　　　（　　　）

③ プールのたての長さ　　　　（　　　）

④ 教室のつくえの横の長さ　　（　　　）

⑤ 黒板の横の長さ　　　　　　（　　　）

```
⑦ 30cmのものさし    ② 1mのものさし
⑤ 10mのまきじゃく   ⑤ 50mのまきじゃく
```

① （　）にあてはまることばを書きましょう。

まっすぐにはかった長さを（　　　　　），道にそってはかった長さを（　　　　　）といいます。

② 右の地図を見て，次の長さをもとめましょう。

（地図：駅　ゆうびん局　350m　650m　300m　800m　病院）

① 駅から病院までのきょりは，何mですか。

（　　　　　　　　　）

② 駅から病院までの道のりは，何mですか。

式

答え

③ 駅からゆうびん局までの道のりは，何mですか。

式

答え

月　日

1 （　）にあてはまることばや数を書きましょう。

1000m を 1 キロメートルといい, 1 （　　　　　　　）と書きます。

km のたんいは, 長い道のりなどを表すときに使います。

1km =（　　　　　　　　　）m です。

2 km を書く練習をします。1km から 5km まで書きましょう。

① → ②
③
1km 2km 3km 4km 5km

3 1 しゅう 1km の池のまわりを 5 しゅう走ると, 何 km 走ることになりますか。
（　　　　　　　　　　　）

4 （　）にあてはまる数を書きましょう。

① 2km =（　　　　　　）m　② 5km =（　　　　　　）m

③ 4km600m =（　　　　　　）m　④ 2km40m =（　　　　　　）m

⑤ 1km3m =（　　　　　　）m

⑥ 1300m =（　　　　）km（　　　　）m

⑦ 1020m =（　　　　）km（　　　　）m

⑧ 5007m =（　　　　）km（　　　　）m

5 （　）にあてはまる, 長さのたんいを書きましょう。

① 東京スカイツリーの高さ634（　　　　　　）② くつのサイズ…21（　　　　　）

③ 教科書のあつさ…6（　　　　　）　④ 遠足で歩く道のり…4（　　　　　）

月　日

● 下の地図を見て答えましょう。

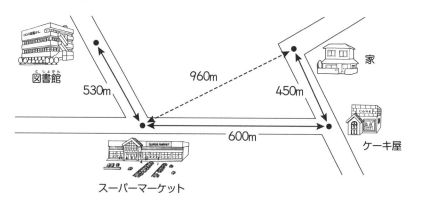

図書館　530m　960m　450m　家
600m　ケーキ屋
スーパーマーケット

① 家からスーパーマーケットまでのきょりは, 何 m ですか。
（　　　　　　　　　　　）

② 家からスーパーマーケットまでの道のりは, 何 m ですか。
また, 何 km 何 m ですか。

式

答え（　　　　　　）m,（　　　）km（　　　）m

③ ケーキ屋から図書館までの道のりは, 何 m ですか。
また, 何 km 何 m ですか。

式

答え（　　　　　　）m,（　　　）km（　　　）m

44

5 ふりかえり・たしかめ (1)
長いものの長さのはかり方と表し方

名前

1 次のまきじゃくで，↓のめもりが表している長さを書きましょう。

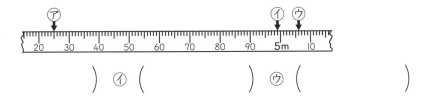

⑦ (　　　　　　　)　① (　　　　　　　)　⑦ (　　　　　　　)

2 (　　) にあてはまる数を書きましょう。

① 1km = (　　　　　　) m

② 8km = (　　　　　　) m

③ 5km200m = (　　　　　　) m

④ 1km30m = (　　　　　　) m

⑤ 4km8m = (　　　　　　) m

⑥ 1265m = (　　　　) km (　　　　) m

⑦ 3020m = (　　　　) km (　　　　) m

⑧ 1004m = (　　　　) km (　　　　) m

3 (　　) にあてはまる，長さのたんいを書きましょう。

① はがきの横の長さ ……………… 10 (　　　　)

② プールの横の長さ ……………… 15 (　　　　)

③ マラソンコースの道のり ……… 4 (　　　　)

④ えんぴつの長さ ……………… 15 (　　　　)

⑤ ノートのあつさ ……………… 4 (　　　　)

---

5 ふりかえり・たしかめ (2)
長いものの長さのはかり方と表し方

名前

● 右の地図を見て答えましょう。

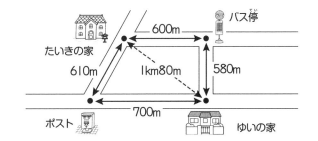

たいきの家　610m　1km80m　600m　バス停　580m

ポスト　700m　ゆいの家

① たいきさんの家からゆいさんの家までのきょりは，何mですか。

(　　　　　　　　　)

② たいきさんの家からバスていの前を通ってゆいさんの家へ行くときの道のりは，何mですか。また，何km何mですか。

式

答え (　　　　　) m, (　　　　) km (　　　　) m

③ たいきさんの家からポストの前を通ってゆいさんの家へ行くときの道のりは，何mですか。また，何km何mですか。

式

答え (　　　　　) m, (　　　　) km (　　　　) m

④ たいきさんの家からゆいさんの家へ行くとき，ポストの前を通る道のりの方が，バスていの前を通る道のりより，何m長いですか。

式

答え

[知識・技能]

1 次のまきじゃくで、↓のめもりが表している長さを書きましょう。(3×3)

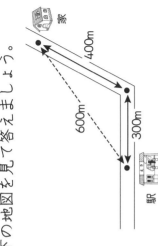

① (⑦)
② (①) (⑦)

2 次の長さをはかります。下の⑦～⑰のどれを使えばよいですか。( )に記号を書きましょう。(4×4)

① 体育館のたての長さ ……( )
② ノートの横の長さ ……( )
③ いすの高さ ……( )
④ タイヤのまわりの長さ ……( )

⑦ 30cmのものさし　① 1mのものさし　⑰ 50mのまきじゃく

3 ( )にあてはまる数を書きましょう。(3×3)

① 3km = ( )m
② 1500m = ( )km( )m
③ 5km80m = ( )m

4 ( )にあてはまる長さのたんいを書きましょう。(4×4)

① 木の高さ ……10( )
② 1時間に歩く道のり ……4( )
③ 友だちの身長 ……140( )
④ 算数のノートのあつさ ……3( )

[思考・判断・表現]

5 下の地図を見て答えましょう。

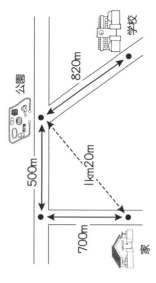

① 家から駅までのきょりは、何mですか。(10)
( )

② 家から駅までの道のりは、何mですか。(5×2)
式

答え

6 下の地図を見て答えましょう。

① 家から公園までのきょりは、何mですか。(10)
( )

② 家から学校までの道のりは、何mですか。(5×2)
式

答え

③ 家から学校までの道のりは、何km何mですか。(10)
( )

6 暗算
暗算 (1)

名前

1　品物を2こ買ったときの代金が100円になるように，下のおかしを買います。どの品物をもう1こ買うとよいか，暗算でもとめましょう。

ミニドーナツ
63円

あめ
44円

チョコレート
56円

グミ
37円

クッキー
72円

① 63円のミニドーナツを1こ買うとき

（　　　　　　　　　　）

② 44円のあめを1こ買うとき

（　　　　　　　　　　）

2　たして100になるたし算を，3つかんせいさせましょう。
また，つくった式を見て，□にあてはまる数を書きましょう。

27　＋（　　　　）＝100

（　　　　）＋　34　＝100

52　＋（　　　　）＝100

たして100になる2つの数は，一の位の数どうしをたすと，□になります。また，十の位の数どうしをたすと，□になります。

3　暗算で計算しましょう。

① 100 − 58　② 100 − 46　③ 100 − 75　④ 100 − 62

⑤ 100 − 27　⑥ 100 − 89　⑦ 100 − 36　⑧ 100 − 41

6 暗算
暗算 (2)

名前

1　56 + 28 を暗算でします。（　　）にあてはまる数を書きましょう。

㋐　りくとさんの考え方

56を50と（　　　　），

28を20と（　　　　）に分けて考えると，

50 ＋ 20 ＝ 70

（　　　）＋（　　　）＝（　　　）

あわせると，70 ＋（　　　）＝（　　　）

答え（　　　）

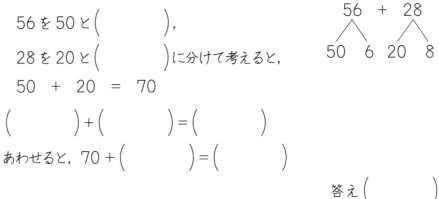

㋑　ことなさんの考え方

28をだいたい30とみて考えると，

56 + 30 = 86

28より（　　　）多くたしているので，

86 −（　　　）＝（　　　）

答え（　　　）

自分のやりやすい暗算のしかたを見つけよう。

2　暗算で計算しましょう。

① 33 + 49　② 26 + 55　③ 74 + 18　④ 45 + 19

⑤ 15 + 25　⑥ 29 + 38　⑦ 34 + 23　⑧ 51 + 39

□1 71 − 46 を暗算で計算します。（　）にあてはまる数を書きましょう。

㋐　まさやさんの考え方

71 を 60 と（　　　），

46 を（　　　）と 6 に分けて考えると，

60 − （　　　）=（　　　）

（　　　）− 6 =（　　　）

あわせると，（　　　）+（　　　）=（　　　）

答え（　　　）

```
71  −  46
/\     /\
60 11  40 6
```

㋑　かなさんの考え方

46 をだいたい 50 とみて考えると，

71 − 50 = 21

46 より（　　　）多くひいているので，

21 + （　　　）=（　　　）

答え（　　　）

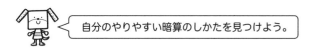
自分のやりやすい暗算のしかたを見つけよう。

□2 暗算で計算しましょう。

① 42 − 15　　② 87 − 51　　③ 50 − 23　　④ 71 − 52

⑤ 66 − 28　　⑥ 93 − 16　　⑦ 34 − 19　　⑧ 60 − 44

● 暗算で計算しましょう。

①　100 − 36 =　　　　②　100 − 72 =

③　100 − 28 =　　　　④　100 − 44 =

⑤　100 − 63 =　　　　⑥　100 − 51 =

⑦　100 − 85 =　　　　⑧　100 − 39 =

⑨　39 + 22 =　　　　⑩　45 + 46 =

⑪　72 + 19 =　　　　⑫　66 + 24 =

⑬　18 + 28 =　　　　⑭　27 + 47 =

⑮　49 + 13 =　　　　⑯　62 + 35 =

⑰　12 + 58 =　　　　⑱　50 − 36 =

⑲　62 − 14 =　　　　⑳　31 − 16 =

㉑　43 − 25 =　　　　㉒　75 − 47 =

㉓　84 − 66 =　　　　㉔　56 − 47 =

㉕　91 − 78 =

7 あまりのあるわり算
あまりのあるわり算（1）

名前

● りんごが 10 こあります。1 人に 3 こずつ分けると，何人に分けられて，何こあまりますか。

① 式を書きましょう。　　　（　　　）÷（　　　）

② ①の式の答えを見つけるとき，何のだんの九九を使いますか。
（　　　　）のだん

③ （　　）にあてはまる数を書きましょう。

わる数

2 人に分けると，　 $\boxed{3}$ ×2 ＝ 6 （　　　）こあまる。

3 人に分けると，（　　　）×3 ＝（　　　）（　　　）こあまる。

4 人に分けると，（　　　）×4 ＝（　　　）（　　　）こたりない。

> これまでのわり算と同じように，わる数のだんの九九を使うことができるね。

④ 式と答えを書きましょう。

（　　　）÷（　　　）＝（　　　）あまり（　　　）

答え（　　　）人に分けられて，（　　　）こあまる。

> あまりがあるときは「わりきれない」というよ。

---

7 あまりのあるわり算
あまりのあるわり算（2）

名前

① ㋐〜㋔をわりきれる計算と，わりきれない計算に分けて，（　　）に記号を書きましょう。

㋐ 30÷4　　㋑ 25÷7　　㋒ 12÷6　　㋓ 18÷5　　㋔ 32÷8

わりきれる（　　　　　　　　）　　わりきれない（　　　　　　　　）

② いちごが 15 こあります。1 人に 6 こずつ分けると，何人に分けられて，何こあまりますか。

式

答え（　　　）人に分けられて，（　　　）こあまる。

③ ビスケットが 22 まいあります。1 人に 5 まいずつ分けると，何人に分けられて，何まいあまりますか。

式

答え（　　　）人に分けられて，（　　　）まいあまる。

① たこやきが 14 こあります。
　１人に４こずつ分けると, 何人に分けられて, 何こあまりますか。

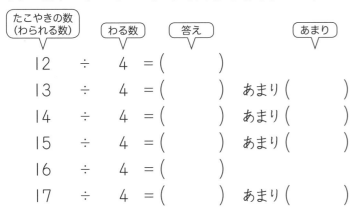

① まだ分けられるのは, ⑦と①のどちらですか。　（　　　）

⑦ 14 ÷ 4 = 2 あまり 6
　2 人に分けられて, 6 こあまる。

① 14 ÷ 4 = 3 あまり 2
　3 人に分けられて, 2 こあまる。

② たこやきの数（わられる数）をかえて, わる数とあまりの大きさを
　くらべます。（　）にあてはまる数を書きましょう。

たこやきの数（わられる数）	わる数	答え		あまり
12	÷ 4 =	（　　　）		
13	÷ 4 =	（　　　）	あまり	（　　　）
14	÷ 4 =	（　　　）	あまり	（　　　）
15	÷ 4 =	（　　　）	あまり	（　　　）
16	÷ 4 =	（　　　）		
17	÷ 4 =	（　　　）	あまり	（　　　）

③ わる数とあまりの大きさはどうなりますか。
　□にあてはまる>, <の記号を書きましょう。　わる数 □ あまり

（トライ）
② 次のわり算であまりがあるとき, △にあてはまる数を全部書き
ましょう。
　[れい] □÷4＝○あまり△　△にあてはまる数（1, 2, 3）
　① □÷3＝○あまり△　△にあてはまる数（　　　　　）
　② □÷5＝○あまり△　△にあてはまる数（　　　　　）

① 色紙が 60 まいあります。7 人で同じ数ずつ分けると,
　１人分は何まいになって, 何まいあまりますか。

式

答え　１人分は（　　　　　）まいになって, （　　　　　）まいあまる。

② ジュースを, 6 人で同じ数ずつ分けます。ジュースは, 全部で
27 本あります。１人分は何本になって, 何本あまりますか。

式

答え　１人分は（　　　　　）本になって, （　　　　　）本あまる。

③ ゼリーが 12 こあります。5 人で同じ数ずつ分けると,
　１人分は何こになって, 何こあまりますか。

式

答え　１人分は（　　　　　）こになって, （　　　　　）こあまる。

① 次のわり算の答えが正しいかどうかたしかめましょう。

> あめが 13 こあります。1 人に 5 こずつ分けると，何人に分けられて，
> 何こあまりますか。
>
> 式　　　13 ÷ 5 = 2 あまり 3
>
> 答え　2 人に分けられて，3 こあまる。

13 ÷ 5 = 2 あまり 3

↓　　　　↓　　　　　　↓

（　　　）×（　　　）+（　　　）=（　　　）

> わられる数と同じになるね。

② 次の計算の答えで正しいものには（　　）に○を，
まちがっているものには正しい答えを書きましょう。

① 17 ÷ 3 = 6 あまり 1　　（　　　　　　　　　）

② 36 ÷ 5 = 7 あまり 1　　（　　　　　　　　　）

③ 25 ÷ 4 = 5 あまり 5　　（　　　　　　　　　）

③ 次のわり算をしましょう。また，答えをたしかめる式も
書きましょう。

① 38 ÷ 6 =（　　　　　　　　）

たしかめる式　（　　　）×（　　　）+（　　　）=（　　　）

② 41 ÷ 5 =（　　　　　　　　）

たしかめる式　（　　　）×（　　　）+（　　　）=（　　　）

③ 62 ÷ 9 =（　　　　　　　　）

たしかめる式　（　　　）×（　　　）+（　　　）=（　　　）

① 49cm のテープを 6cm ずつに切ります。6cm のテープは
何本できて，何 cm あまりますか。

6cm

式

答え　　　　　　　　　　　　　　

② 23 このももを，7 人で同じ数ずつ分けます。
1 人分は何こになって，何こあまりますか。

式

答え　　　　　　　　　　　　　　

トライ

③ ある数を 6 でわるところを，まちがえて 7 でわってしまい，
答えが 5 あまり 4 になってしまいました。

① ある数はいくつですか。

> わり算の答えのたしかめの
> 計算をするといいね。

式

答え　　　　　　　　　　　　　

② 正しく 6 でわったときの答えをもとめましょう。

式

答え　　　　　　　　　　　　　

④ 次の計算が正しいかどうかをせつ明します。
正しい方に○をつけましょう。　　[26 ÷ 6 = 3 あまり 8]

㋐ （　　　）答えのたしかめをすると，6 × 3 + 8 = 26 なので，正しい。

㋑ （　　　）あまりの 8 が，わる数の 6 より大きいので，まちがっている。

7 あまりのあるわり算
あまりを考える問題 (1)

□ 32 このプリンを，1 箱に 5 こずつ入れていきます。全部の
プリンを入れるには，箱は何箱あればよいですか。

式

あまったプリンを入れるために，箱がもう 1 箱いるね。

答え _____

② 53 人の子どもが 1 つの長いすに 7 人ずつすわります。全員が
すわるには，長いすは何きゃくいりますか。

式

答え _____

③ 計算問題が 60 問あります。1 日に 8 問ずつとくと，全部の
問題を終えるのに何日かかりますか。

式

答え _____

④ にんじんが 18 本あります。1 つのかごに 4 本ずつ入れます。
全部のにんじんを入れるには，かごは何こいりますか。

式

答え _____

7 あまりのあるわり算
あまりを考える問題 (2)

□ 花が 62 本あります。8 本ずつたばにして，花たばを作ります。
8 本ずつの花たばは，いくつできますか。

式

あまった花では，花たばは作れないね。

答え _____

② はばが 26cm の本立てがあります。この本立てに，あつさ
3cm の本を立てていきます。本は何さつ立てられますか。

式

答え _____

③ お金を 80 円持っています。1 こ 9 円のあめは何こ買えますか。

式

答え _____

④ 44cm のリボンを 5cm ずつに切ります。5cm のリボンは
何本できますか。

式

答え _____

7 あまりのあるわり算
計算練習（1）

名前

① 35 ÷ 4 =
② 22 ÷ 3 =
③ 13 ÷ 2 =
④ 29 ÷ 5 =
⑤ 14 ÷ 3 =
⑥ 31 ÷ 4 =
⑦ 23 ÷ 5 =
⑧ 46 ÷ 5 =
⑨ 33 ÷ 4 =
⑩ 15 ÷ 2 =
⑪ 24 ÷ 5 =
⑫ 11 ÷ 3 =
⑬ 28 ÷ 5 =
⑭ 29 ÷ 4 =
⑮ 17 ÷ 3 =
⑯ 9 ÷ 2 =
⑰ 48 ÷ 5 =
⑱ 38 ÷ 5 =
⑲ 26 ÷ 4 =
⑳ 13 ÷ 3 =
㉑ 44 ÷ 5 =
㉒ 11 ÷ 4 =
㉓ 5 ÷ 2 =
㉔ 39 ÷ 5 =
㉕ 22 ÷ 4 =
㉖ 42 ÷ 5 =
㉗ 12 ÷ 5 =
㉘ 20 ÷ 3 =
㉙ 7 ÷ 3 =
㉚ 19 ÷ 4 =
㉛ 32 ÷ 5 =
㉜ 43 ÷ 5 =
㉝ 15 ÷ 4 =
㉞ 16 ÷ 3 =
㉟ 21 ÷ 4 =
㊱ 34 ÷ 5 =
㊲ 10 ÷ 3 =
㊳ 27 ÷ 4 =
㊴ 49 ÷ 5 =
㊵ 25 ÷ 3 =
㊶ 3 ÷ 2 =
㊷ 33 ÷ 6 =
㊸ 17 ÷ 4 =
㊹ 47 ÷ 5 =
㊺ 8 ÷ 3 =

7 あまりのあるわり算
計算練習（2）

名前

① 23 ÷ 5 =
② 37 ÷ 4 =
③ 16 ÷ 3 =
④ 9 ÷ 2 =
⑤ 43 ÷ 5 =
⑥ 39 ÷ 4 =
⑦ 28 ÷ 3 =
⑧ 17 ÷ 2 =
⑨ 25 ÷ 4 =
⑩ 47 ÷ 5 =
⑪ 38 ÷ 5 =
⑫ 10 ÷ 4 =
⑬ 5 ÷ 3 =
⑭ 26 ÷ 4 =
⑮ 31 ÷ 5 =
⑯ 11 ÷ 2 =
⑰ 26 ÷ 3 =
⑱ 41 ÷ 5 =
⑲ 18 ÷ 4 =
⑳ 30 ÷ 4 =
㉑ 7 ÷ 2 =
㉒ 19 ÷ 5 =
㉓ 14 ÷ 4 =
㉔ 33 ÷ 5 =
㉕ 21 ÷ 5 =
㉖ 23 ÷ 4 =
㉗ 8 ÷ 5 =
㉘ 29 ÷ 3 =
㉙ 19 ÷ 2 =
㉚ 32 ÷ 5 =
㉛ 22 ÷ 3 =
㉜ 27 ÷ 4 =
㉝ 42 ÷ 5 =
㉞ 13 ÷ 3 =
㉟ 34 ÷ 4 =
㊱ 24 ÷ 5 =
㊲ 15 ÷ 2 =
㊳ 12 ÷ 5 =
㊴ 6 ÷ 5 =
㊵ 35 ÷ 4 =
㊶ 36 ÷ 5 =
㊷ 4 ÷ 3 =
㊸ 15 ÷ 4 =
㊹ 44 ÷ 5 =
㊺ 22 ÷ 4 =

7 あまりのあるわり算
計算練習（3）

名前

① 37 ÷ 8 =
② 42 ÷ 9 =
③ 58 ÷ 7 =
④ 29 ÷ 6 =
⑤ 30 ÷ 8 =
⑥ 15 ÷ 7 =
⑦ 22 ÷ 9 =
⑧ 73 ÷ 8 =
⑨ 65 ÷ 7 =
⑩ 80 ÷ 9 =
⑪ 45 ÷ 6 =
⑫ 31 ÷ 8 =
⑬ 24 ÷ 7 =
⑭ 40 ÷ 6 =
⑮ 47 ÷ 9 =
⑯ 44 ÷ 7 =
⑰ 50 ÷ 8 =
⑱ 15 ÷ 6 =
⑲ 11 ÷ 7 =
⑳ 20 ÷ 9 =
㉑ 46 ÷ 6 =
㉒ 70 ÷ 8 =
㉓ 52 ÷ 9 =
㉔ 18 ÷ 7 =
㉕ 85 ÷ 9 =
㉖ 32 ÷ 6 =
㉗ 23 ÷ 7 =
㉘ 60 ÷ 8 =
㉙ 62 ÷ 9 =
㉚ 41 ÷ 6 =
㉛ 35 ÷ 8 =
㉜ 55 ÷ 6 =
㉝ 43 ÷ 7 =
㉞ 13 ÷ 6 =
㉟ 18 ÷ 8 =
㊱ 26 ÷ 9 =
㊲ 64 ÷ 7 =
㊳ 76 : 8 =
㊴ 14 ÷ 6 =
㊵ 68 ÷ 9 =
㊶ 33 ÷ 7 =
㊷ 48 ÷ 7 =
㊸ 77 ÷ 8 =
㊹ 84 ÷ 9 =
㊺ 53 ÷ 6 =

7 あまりのあるわり算
計算練習（4）

名前

① 40 ÷ 6 =
② 52 ÷ 9 =
③ 38 ÷ 8 =
④ 32 ÷ 7 =
⑤ 25 ÷ 8 =
⑥ 82 ÷ 9 =
⑦ 73 ÷ 9 =
⑧ 36 ÷ 7 =
⑨ 28 ÷ 6 =
⑩ 31 ÷ 8 =
⑪ 69 ÷ 7 =
⑫ 50 ÷ 9 =
⑬ 18 ÷ 8 =
⑭ 30 ÷ 7 =
⑮ 21 ÷ 9 =
⑯ 76 ÷ 8 =
⑰ 42 ÷ 8 =
⑱ 61 ÷ 7 =
⑲ 10 ÷ 9 =
⑳ 25 ÷ 6 =
㉑ 33 ÷ 6 =
㉒ 48 ÷ 7 =
㉓ 19 ÷ 9 =
㉔ 9 ÷ 6 =
㉕ 55 ÷ 8 =
㉖ 67 ÷ 7 =
㉗ 85 ÷ 9 =
㉘ 79 ÷ 8 =
㉙ 43 ÷ 6 =
㉚ 27 ÷ 7 =
㉛ 46 ÷ 8 =
㉜ 58 ÷ 6 =
㉝ 16 ÷ 7 =
㉞ 63 ÷ 8 =
㉟ 26 ÷ 9 =
㊱ 23 ÷ 7 =
㊲ 60 : 8 =
㊳ 74 : 9 =
㊴ 20 ÷ 6 =
㊵ 39 ÷ 7 =
㊶ 75 ÷ 9 =
㊷ 46 ÷ 6 =
㊸ 51 ÷ 8 =
㊹ 22 ÷ 9 =
㊺ 41 ÷ 6 =

① 36 ÷ 5 =
② 44 ÷ 7 =
③ 73 ÷ 9 =
④ 15 ÷ 4 =
⑤ 26 ÷ 3 =
⑥ 66 ÷ 8 =
⑦ 80 ÷ 9 =
⑧ 9 ÷ 2 =
⑨ 59 ÷ 6 =
⑩ 32 ÷ 5 =
⑪ 42 ÷ 8 =
⑫ 60 ÷ 7 =
⑬ 28 ÷ 3 =
⑭ 19 ÷ 2 =
⑮ 30 ÷ 4 =
⑯ 67 ÷ 8 =
⑰ 52 ÷ 6 =
⑱ 11 ÷ 3 =
⑲ 23 ÷ 4 =
⑳ 46 ÷ 5 =
㉑ 75 ÷ 8 =
㉒ 7 ÷ 2 =
㉓ 13 ÷ 5 =
㉔ 56 ÷ 9 =
㉕ 34 ÷ 4 =
㉖ 25 ÷ 6 =
㉗ 57 ÷ 7 =
㉘ 43 ÷ 8 =
㉙ 24 ÷ 7 =
㉚ 69 ÷ 9 =
㉛ 16 ÷ 3 =
㉜ 40 ÷ 6 =
㉝ 31 ÷ 9 =
㉞ 21 ÷ 4 =
㉟ 27 ÷ 8 =
㊱ 53 ÷ 6 =
㊲ 10 ÷ 3 =
㊳ 12 ÷ 5 =
㊴ 54 ÷ 7 =
㊵ 63 ÷ 8 =
㊶ 41 ÷ 9 =
㊷ 33 ÷ 4 =
㊸ 15 ÷ 6 =
㊹ 5 ÷ 2 =
㊺ 45 ÷ 7 =

① 26 ÷ 6 =
② 47 ÷ 7 =
③ 8 ÷ 3 =
④ 58 ÷ 8 =
⑤ 35 ÷ 6 =
⑥ 14 ÷ 9 =
⑦ 64 ÷ 7 =
⑧ 10 ÷ 4 =
⑨ 37 ÷ 5 =
⑩ 5 ÷ 2 =
⑪ 48 ÷ 9 =
⑫ 50 ÷ 8 =
⑬ 20 ÷ 3 =
⑭ 61 ÷ 7 =
⑮ 22 ÷ 6 =
⑯ 49 ÷ 5 =
⑰ 70 ÷ 8 =
⑱ 29 ÷ 3 =
⑲ 17 ÷ 4 =
⑳ 51 ÷ 9 =
㉑ 74 ÷ 8 =
㉒ 36 ÷ 7 =
㉓ 13 ÷ 6 =
㉔ 24 ÷ 5 =
㉕ 30 ÷ 7 =
㉖ 43 ÷ 6 =
㉗ 85 ÷ 9 =
㉘ 32 ÷ 5 =
㉙ 19 ÷ 3 =
㉚ 44 ÷ 6 =
㉛ 11 ÷ 2 =
㉜ 23 ÷ 4 =
㉝ 52 ÷ 8 =
㉞ 40 ÷ 9 =
㉟ 62 ÷ 7 =
㊱ 31 ÷ 4 =
㊲ 25 ÷ 3 =
㊳ 9 ÷ 5 =
㊴ 21 ÷ 9 =
㊵ 33 ÷ 8 =
㊶ 82 ÷ 9 =
㊷ 60 ÷ 7 =
㊸ 45 ÷ 6 =
㊹ 16 ÷ 3 =
㊺ 26 ÷ 4 =

7 あまりのあるわり算
計算練習 (7)

名前

① 8 ÷ 3 =
② 55 ÷ 7 =
③ 24 ÷ 5 =
④ 18 ÷ 4 =
⑤ 46 ÷ 6 =
⑥ 38 ÷ 8 =
⑦ 62 ÷ 7 =
⑧ 70 ÷ 9 =
⑨ 17 ÷ 2 =
⑩ 42 ÷ 5 =
⑪ 35 ÷ 6 =
⑫ 71 ÷ 8 =
⑬ 58 ÷ 9 =
⑭ 6 ÷ 4 =
⑮ 26 ÷ 3 =
⑯ 13 ÷ 2 =
⑰ 22 ÷ 4 =
⑱ 20 ÷ 3 =
⑲ 80 ÷ 9 =
⑳ 65 ÷ 7 =
㉑ 30 ÷ 4 =
㉒ 11 ÷ 2 =
㉓ 54 ÷ 8 =
㉔ 33 ÷ 5 =
㉕ 41 ÷ 6 =
㉖ 25 ÷ 3 =
㉗ 22 ÷ 5 =
㉘ 78 ÷ 8 =
㉙ 34 ÷ 6 =
㉚ 19 ÷ 2 =
㉛ 52 ÷ 7 =
㉜ 10 ÷ 4 =
㉝ 23 ÷ 8 =
㉞ 60 ÷ 8 =
㉟ 15 ÷ 6 =
㊱ 42 ÷ 9 =
㊲ 37 : 5 =
㊳ 51 ÷ 6 =
㊴ 14 ÷ 3 =
㊵ 15 ÷ 2 =
㊶ 21 ÷ 4 =
㊷ 45 ÷ 6 =
㊸ 9 ÷ 2 =
㊹ 50 ÷ 7 =
㊺ 32 ÷ 6 =

7 ふりかえり・たしかめ (1)
あまりのあるわり算

名前

① 16 ÷ 3 = あまり
② 40 ÷ 6 = あまり
③ 58 ÷ 7 = あまり
④ 25 ÷ 4 = あまり
⑤ 75 ÷ 8 = あまり
⑥ 34 ÷ 5 = あまり
⑦ 61 ÷ 9 = あまり
⑧ 9 ÷ 2 = あまり
⑨ 15 ÷ 4 = あまり
⑩ 53 ÷ 8 = あまり
⑪ 44 ÷ 9 = あまり
⑫ 12 ÷ 7 = あまり
⑬ 57 ÷ 8 = あまり
⑭ 60 ÷ 7 = あまり
⑮ 22 ÷ 6 = あまり
⑯ 10 ÷ 4 = あまり
⑰ 47 ÷ 6 = あまり
⑱ 70 ÷ 8 = あまり
⑲ 5 ÷ 2 = あまり
⑳ 29 ÷ 3 = あまり
㉑ 43 ÷ 9 = あまり
㉒ 86 ÷ 9 = あまり
㉓ 13 ÷ 2 = あまり
㉔ 32 ÷ 5 = あまり
㉕ 49 ÷ 6 = あまり
㉖ 77 ÷ 8 = あまり
㉗ 21 ÷ 4 = あまり
㉘ 14 ÷ 5 = あまり
㉙ 37 ÷ 6 = あまり
㉚ 39 ÷ 4 = あまり
㉛ 51 ÷ 7 = あまり
㉜ 24 ÷ 5 = あまり
㉝ 55 ÷ 6 = あまり
㉞ 17 ÷ 4 = あまり
㉟ 19 ÷ 3 = あまり
㊱ 65 ÷ 7 = あまり
㊲ 82 ÷ 9 = あまり
㊳ 31 ÷ 4 = あまり
㊴ 20 ÷ 3 = あまり
㊵ 7 ÷ 2 = あまり
㊶ 18 ÷ 5 = あまり
㊷ 35 ÷ 6 = あまり
㊸ 62 ÷ 8 = あまり
㊹ 33 ÷ 4 = あまり
㊺ 28 ÷ 3 = あまり
㊻ 38 ÷ 9 = あまり
㊼ 71 ÷ 8 = あまり
㊽ 45 ÷ 6 = あまり
㊾ 54 ÷ 7 = あまり
㊿ 26 ÷ 4 = あまり
51 13 ÷ 3 = あまり
52 11 ÷ 2 = あまり
53 42 ÷ 8 = あまり
54 52 ÷ 9 = あまり
55 48 ÷ 5 = あまり
56 59 ÷ 9 = あまり
57 63 ÷ 8 = あまり
58 27 ÷ 5 = あまり
59 30 ÷ 7 = あまり
60 73 ÷ 9 = あまり

① 次のわり算で，わりきれないのはどれですか。（　　）に記号を書きましょう。

　⑦　49 ÷ 6　　⑦　28 ÷ 7　　⑦　62 ÷ 9　　⑨　12 ÷ 3

　⑦　33 ÷ 5　　⑦　70 ÷ 8　　⑦　36 ÷ 4　　⑦　52 ÷ 7

　（　　　　　　　　　　　　　　　　　　　　）

② 22dL のお茶を，3dL ずつコップに入れていきます。お茶が 3dL 入ったコップは何こできますか。

式

　　　　　　　　　　　　　　　答え　　　　　　　　　　

③ ボールが 42 こあります。5 つのかごに同じ数ずつ入れると，1 つのかごには，ボールが何こずつ入って，何こあまりますか。

式

　　　　　　　　　　　答え　　　　　　　　　　

④ 34 この荷物を，1 回に 4 こずつ運びます。全部運び終わるには，何回運べばよいですか。

式

　　　　　　　　　　　答え　　　　　　　　　　

① 次のわり算をしましょう。また，答えをたしかめる式も書きましょう。

　①　49 ÷ 6 =（　　　　　　　　　　）

　　たしかめる式　（　　　）×（　　　）+（　　　）=（　　　　）

　②　26 ÷ 3 =（　　　　　　　　　　）

　　たしかめる式　（　　　　　　　　　　　　）

　③　65 ÷ 8 =（　　　　　　　　　　）

　　たしかめる式　（　　　　　　　　　　　　）

　④　40 ÷ 9 =（　　　　　　　　　　）

　　たしかめる式　（　　　　　　　　　　　　）

　⑤　31 ÷ 4 =（　　　　　　　　　　）

　　たしかめる式　（　　　　　　　　　　　　）

　⑥　19 ÷ 5 =（　　　　　　　　　　）

　　たしかめる式　（　　　　　　　　　　　　）

② 次の計算の答えで正しいものには（　　）に○を，まちがっているものには正しい答えを書きましょう。

　①　20 ÷ 6 = 3 あまり 2　（　　　　　　　　　　）

　②　45 ÷ 9 = 4 あまり 9　（　　　　　　　　　　）

　②　14 ÷ 3 = 5 あまり 1　（　　　　　　　　　　）

7 ふりかえり・たしかめ (4)
あまりのあるわり算

名前

① 65ページの本を，1日に9ページずつ読みます。
全部読み終えるまでに何日かかりますか。

式

答え _____

② ケーキが15こあります。1箱に4こずつ入れると，
何箱できて，何こあまりますか。

式

答え _____

③ オムライスを1つ作るのに，たまごを2こ使います。
たまごは13こあります。オムライスは何こ作れますか。

式

答え _____

④ 1こ24円のチョコレートが50こあります。8人で同じ数ずつ
分けると，1人分は何こになって，何こあまりますか。

式

答え _____

---

7 チャレンジ
あまりのあるわり算

名前

● 次のカレンダーは，ある月の第3週までのものです。

日	月	火	水	木	金	土
			1	2	3	4
5	6	7	8	9	10	11
12	13	14	15	16	17	18

① カレンダーの日にちを，それぞれ7でわってみましょう。
わりきれるのは何曜日ですか。

(　　　　　　)

② 木曜日の日にちを，それぞれ7でわってみると，
あまりはいくつになりますか。

(　　　　　　)

③ 金曜日の日にちを，それぞれ7でわってみると，
あまりはいくつになりますか。

(　　　　　　)

④ この月の26日は何曜日ですか。

(　　　　　　)

⑤ この月の29日は何曜日ですか。

(　　　　　　)

日にちを7でわってみると，
曜日ごとにあまりが同じになるね。

定価2,420円
（本体2,200円＋税10%）

補充注文カード

貴店名

年　月　日
部数　　部
書名　発行所

喜楽研
（わかる喜び学ぶ楽しさを創造する教育研究所略称）
編著
原田 善造

教科書にそって学べる
算数教科書プリント3年①
東京書籍版

9784862773777

ISBN978-4-86277-377-7
C3037 ¥2200E

定価2,420円
（本体2,200円＋税10%）

7 まとめのテスト
あまりのあるわり算

[知識・技能]

① 計算をしましょう。(3×10)

① 10÷4＝

② 82÷9＝

③ 41÷6＝

④ 30÷7＝

⑤ 29÷3＝

⑥ 56÷6＝

⑦ 15÷2＝

⑧ 71÷8＝

⑨ 23÷5＝

⑩ 38÷7＝

② 次のわり算をしましょう。また、答えをたしかめる式も書きましょう。(2×10)

① 34÷4＝（　　）　4×（　　）＋（　　）＝（　　）
たしかめ

② 50÷9＝（　　）
たしかめ

③ 26÷3＝（　　）
たしかめ

④ 11÷5＝（　　）
たしかめ

⑤ 43÷8＝（　　）
たしかめ

[思考・判断・表現]

③ クッキーが52こあります。1ふくろに8まいずつ入れると、何ふくろできて、何まいあまりますか。(5×2)

式

答え

⑤ 32cmのリボンを7cmずつに切ります。7cmのリボンは何本できて、何cmあまりますか。(5×2)

式

答え

⑥ 20人の子どもが車に3人ずつ乗ります。全員が乗るには、車は何台いりますか。(5×2)

式

答え

⑦ 1このケーキにいちごを6こずつかざります。いちごは35こあります。ケーキは何こ作れますか。(5×2)

式

答え

● 紙は全部で何まいですか。

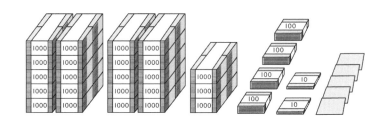

① 1000まいのたば，100まいのたば，10まいのたばは，それぞれ何こありますか。また，ばらは何まいありますか。

1000まいのたば（　　　　）こ，100まいのたば（　　　　）こ，

10まいのたば（　　　　）こ，ばら　　（　　　　）まい

② 10000まいのたばは，何こできますか。

（　　　　）こ

③ 右の表に紙のまい数を表しましょう。

一万の位	千の位	百の位	十の位	一の位

まい

④ 紙のまい数を，漢字で書きましょう。

（　　　　　　　　）まい

● 次の数を，□に数字で書きましょう。また，読み方を漢字で書きましょう。

> 10000, 10000, 100, 10, 1 がそれぞれいくつあるかな。

①

一万の位	千の位	百の位	十の位	一の位

読み方（　　　　　　　　）

②

一万の位	千の位	百の位	十の位	一の位

読み方（　　　　　　　　）

③

一万の位	千の位	百の位	十の位	一の位

読み方（　　　　　　　　）

④

一万の位	千の位	百の位	十の位	一の位

読み方（　　　　　　　　）

① □にあてはまる数を漢字で，（　　）にあてはまる数を数字で書きましょう。

① 一万を 10 こ集めた数を □ といい，（　　　　　）と書きます。

② 十万を 10 こ集めた数を □ といい，（　　　　　）と書きます。

③ 百万を 10 こ集めた数を □ といい，（　　　　　）と書きます。

② 東京都の人口は 14047594 人です。

① 東京都の人口を，下の表に数字で書きましょう。また，読み方を漢字で書きましょう。

東京都

千万の位	百万の位	十万の位	一万の位	千の位	百の位	十の位	一の位

読み方（　　　　　　　　　　　　　　　　　　）

② （　　）にあてはまる数を書きましょう。

東京都の人口は，千万を（　　　　）こ，百万を（　　　　）こ，一万を（　　　　）こ，千を（　　　　）こ，百を（　　　　）こ，十を（　　　　）こ，一を（　　　　）こあわせた数です。

① 次の数を漢字で書きましょう。

①

4	1	1	5	2	6	3	8
千	百	十	一	千	百	十	一
			万				

（　　　　　　　　　　）

② 52073169

（　　　　　　　　　　）

③ 4356987

（　　　　　　　　　　）

④ 10845840

（　　　　　　　　　　）

⑤ 27400195

（　　　　　　　　　　）

② 次の数を数字で書きましょう。

① 三十二万千五百六十一（　　　　　　　　　）

② 八万二千四百三十六（　　　　　　　　　）

③ 二百一万九千八百十（　　　　　　　　　）

④ 十五万三千二百十七（　　　　　　　　　）

⑤ 百一万二千六百九十九（　　　　　　　　　）

8 大きい数のしくみ
数の表し方 (5)

名前

Ⅰ （　　）にあてはまる数を書きましょう。

① 42056 は，一万を（　　　　）こ，千を（　　　　）こ，
十を（　　　　）こ，一を（　　　　）こあわせた数です。

② 8039000 は，百万を（　　　　）こ，一万を（　　　　）こ，
千を（　　　　）こあわせた数です。

③ 70289 は，一万を（　　　　）こ，百を（　　　　）こ，
十を（　　　　）こ，一を（　　　　）こあわせた数です。

④ 一万を5こ，千を7こ，一を1こあわせた数は（　　　　　　）です。

⑤ 千万を7こ，百万を2こ，十万を5こ，百を3こあわせた数は
（　　　　　　　　　）です。

⑥ 百万を3こ，十万を5こ，一万を4こ，千を9こ，十を1こあわせた
数は（　　　　　　　　）です。

（トライ）
Ⅱ 62176239 という数について，答えましょう。

① 右から3番めの2は，何が2こあることを表していますか。
（　　　　　　　　　　　）

② 左から2番めの2は，何が2こあることを表していますか。
（　　　　　　　　　　　）

---

8 大きい数のしくみ
数の表し方 (6)

名前

Ⅰ （　　）にあてはまる数を書きましょう。

① 1000 を 24 こ集めた数は，（　　　　　　　　　）です。

② 1000 を 32 こ集めた数は，（　　　　　　　　　）です。

③ 1000 を 76 こ集めた数は，（　　　　　　　　　）です。

④ 1000 を 63 こ集めた数は，（　　　　　　　　　）です。

⑤ 1000 を 450 こ集めた数は，（　　　　　　　　　）です。

⑥ 1000 を 660 こ集めた数は，（　　　　　　　　　） です。

> 1000を10こ集めた数は，10000だね。

Ⅱ （　　）にあてはまる数を書きましょう。

① 26000 は，1000 を（　　　　　）こ集めた数です。

② 35000 は，1000 を（　　　　　）こ集めた数です。

③ 58000 は，1000 を（　　　　　）こ集めた数です。

④ 79000 は，1000 を（　　　　　）こ集めた数です。

⑤ 520000 は，1000 を（　　　　　）こ集めた数です。

⑥ 810000 は，1000 を（　　　　　）こ集めた数です。

> 26000
> 1000
> と考えたらいいね。

8 大きい数のしくみ
数の表し方（7）

名前

□ 下の数直線の，いちばん小さい１めもりの数と，⑦〜⑰の
めもりが表している数を書きましょう。

①

（　　　　）１めもり

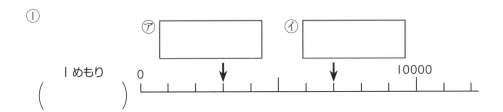

②

（　　　　）１めもり

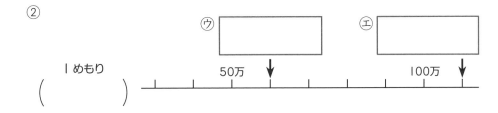

③

（　　　　）１めもり

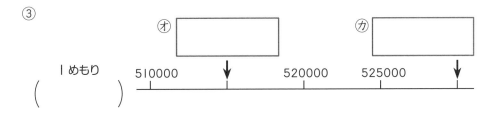

② 下の数直線を見て，次の数を表すめもりに↑を書きましょう。

　⑦　35000　　　　　　　　　⑦　46000より5000大きい数
　⑰　63000より4000小さい数

8 大きい数のしくみ
数の表し方（8）

名前

□ 下の数直線を見て，答えましょう。

① いちばん小さい１めもりはいくつですか。（　　　　　　　）

② ⑦のめもりは，1000万を何こ集めた数を表していますか。

（　　　　　　　）

③ ⑦のめもりが表す数を，数字で書きましょう。また，読み方を
漢字で書きましょう。

数字（　　　　　　　）

読み方（　　　　　　　）

② ⑦，⑦のめもりが表している数を書きましょう。

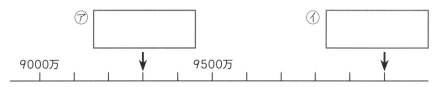

③ 下の数直線を見て，次の数を表すめもりに↑を書きましょう。

　⑦　8000万より200万大きい数　　⑦　1億より600万小さい数

1　□にあてはまる等号，不等号を書きましょう。

① 500万 □ 900万

② 23860 □ 22990

③ 3000 □ 2000 + 2000

④ 40000 + 50000 □ 90000

⑤ 50万 □ 30万 + 10万

⑥ 800000 − 300000 □ 400000

⑦ 2000 □ 12000 − 9000

⑧ 500万 − 100万 □ 400万

> 2000 + 2000は，1000を
> もとにして考えるといいね。

トライ

2　□にあてはまる数を，_____の中から全部えらんで，（　）に記号で書きましょう。

① □ < 3000 + 2000 （　　　　　）

② □ < 8000 − 6000 （　　　　　）

③ □ = 20万 + 80万 （　　　　　）

④ □ > 70000 − 50000 （　　　　　）

⑤ □ > 130万 − 40万 （　　　　　）

> ⑦ 500　④ 1000　⑦ 3000　④ 50万　⑦ 100万

● 次の数は，どのような数といえますか。（　）にあてはまる数を書きましょう。

① 12000

　⑦ 12000は，10000と（　　　　　）をあわせた数です。

　　12000 = 10000 + （　　　　　）

　④ 12000は，20000より（　　　　　）小さい数です。

　　12000 = 20000 − （　　　　　）

　⑦ 12000は，1000を（　　　　　）こ集めた数です。

② 36000

　⑦ 36000は，30000と（　　　　　）をあわせた数です。

　④ 36000は，40000より（　　　　　）小さい数です。

　⑦ 36000は，1000を（　　　　　）こ集めた数です。

③ 78000

　⑦ 78000は，70000と（　　　　　）をあわせた数です。

　④ 78000は，80000よ（　　　　　）小さい数です。

　⑦ 78000は，1000を（　　　　　）こ集めた数です。

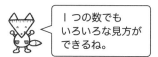

> 1つの数でも
> いろいろな見方が
> できるね。

8 大きい数のしくみ
10倍した数と10でわった数

① 次の数を10倍，100倍，1000倍した数を書きましょう。

	10倍	100倍	1000倍
① 34	(　　　)	(　　　)	(　　　)
② 50	(　　　)	(　　　)	(　　　)
③ 760	(　　　)	(　　　)	(　　　)
④ 957	(　　　)	(　　　)	(　　　)
⑤ 200	(　　　)	(　　　)	(　　　)

② 次の数を10でわった数を書きましょう。

① 30　(　　　　　)　　② 490　(　　　　　)

③ 600　(　　　　　)　　④ 820　(　　　　　)

③ 計算をしましょう。

① 43 × 10　　　② 38 × 100

③ 56 × 1000　　④ 890 × 1000

⑤ 470 ÷ 10　　⑥ 700 ÷ 10

④ (　)にあてはまる数を書きましょう。

① (　　　　　)を10倍した数は，1020です。

② (　　　　　)を100倍した数は，18000です。

③ 220を(　　　　)倍した数は，220000です。

④ (　　　　　)を10でわった数は，205です。

---

8 ふりかえり・たしかめ (1)
大きい数のしくみ

① 3286495の，十万の位の数字と，百万の位の数字を書きましょう。

十万の位の数字(　　　　　)　　百万の位の数字(　　　　　)

② 次の数を数字で書きましょう。

① 七百四万二千三百九十　　(　　　　　　　　)

② 六十一万七千八百十一　　(　　　　　　　　)

③ 四万五千四百二十三　　(　　　　　　　　)

③ 次の数を数字で書きましょう。

① 千万を2こ，百万を1こ，十万を9こ，一万を3こあわせた数

(　　　　　　　　)

② 百万を4こ，十万を8こ，千を2こ，十を7こあわせた数

(　　　　　　　　)

④ 次の数を数字で書きましょう。

① 1000を48こ集めた数は，(　　　　　　　)です。

② 1000を780こ集めた数は，(　　　　　　　)です。

③ 15000は，1000を(　　　　　)こ集めた数です。

④ 830000は，1000を(　　　　　)こ集めた数です。

8 ふりかえり・たしかめ (2)
大きい数のしくみ

名前

① ⑦, ④にあてはまる数を書きましょう。

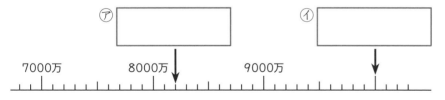

⑦ [　　　]　　　④ [　　　]

7000万　　8000万　　9000万

② □にあてはまる等号, 不等号を書きましょう。

① 6000 □ 3000 + 2000

② 40万 + 10万 □ 50万

③ 900000 − 500000 □ 300000

④ 800万 − 600万 □ 300万

③ 54000 はどんな数ですか。( )にあてはまる数を書きましょう。

⑦ 50000 と ( )をあわせた数

④ 60000 より ( )小さい数

⑨ 1000 を ( )こ集めた数

④ 710 を 10倍, 100倍, 1000倍した数は, それぞれいくつですか。
また, 10でわった数はいくつですか。

10倍　　100倍　　1000倍　　10でわる

( )( )( )( )

---

8 チャレンジ
大きい数のしくみ

名前

① ⓪, ①, ③, ⑤, ⑦, ⑨ の 6まいのカードから 5まいをえらんで, 5けたの数をつくります。

① いちばん大きい数をつくりましょう。

② いちばん小さい数をつくりましょう。

③ 40000 にいちばん近い数をつくりましょう。

② ⓪から⑨までの 10まいのカードから 7まいをえらんで, 7けたの数をつくります。

① いちばん大きい数をつくりましょう。

② 7000000 より小さく, 7000000 にいちばん近い数をつくりましょう。

③ 2000000 より大きく, 2000000 にいちばん近い数をつくりましょう。

名前

[知識・技能]

① 次の数について答えましょう。(5×3)

47903275

(1) 十万の位の数字は何ですか。（　　　）

(2) 百万の位の数字は何ですか。（　　　）

(3) いちばん左の4は、何の位の数字ですか。（　　　）

② 次の数を数字で書きましょう。(5×2)

(1) 六百四十三万五百九十
（　　　）

(2) 千万を1こ、百万を9こ、千を5こ、十を3こあわせた数
（　　　）

③ ⑦、①にあてはまる数を書きましょう。(5×2)

9900万　　9950万　　1億

⑦　　　①

④ □にあてはまる等号、不等号を書きましょう。(3×5)

(1) 500万 □ 300万

(2) 6000+2000 □ 7000

(3) 800万 □ 200万+700万

(4) 30000 □ 80000-50000

(5) 14000-6000 □ 9000

[思考・判断・表現]

⑤ 次の数は、どのような数といえますか。（　）にあてはまる数を書きましょう。(5×6)

(1) 19000

⑦ 19000は、10000と（　　　）をあわせた数です。

① 19000は、20000より（　　　）小さい数です。

⑦ 19000は、1000を（　　　）こ集めた数です。

(2) 82000

⑦ 82000は、80000と（　　　）をあわせた数です。

① 82000は、90000より（　　　）小さい数です。

⑦ 82000は、1000を（　　　）こ集めた数です。

⑥ 次の数を10倍、100倍、1000倍すると どうなりますか。表に数を書きましょう。(5×3)

10倍 → 100倍 → 1000倍

千万	百万	十万	一万	千	百	十	一
					6	9	0

⑦ 次の数を10でわると どうなりますか。表に数を書きましょう。(5)

10でわる

千	百	十	一
	3	0	0

9 かけ算の筆算①
何十，何百のかけ算

① 1こ40円のチョコレートを，2こ買います。代金はいくらですか。

式

答え ＿＿＿＿＿＿＿＿＿

② 計算をしましょう。

① 20 × 3

② 50 × 5

③ 30 × 6

④ 80 × 9

⑤ 60 × 4

⑥ 10 × 7

⑦ 90 × 8

⑧ 70 × 2

⑨ 800 × 3

⑩ 900 × 4

⑪ 300 × 7

⑫ 500 × 6

⑬ 400 × 8

⑭ 700 × 2

⑮ 200 × 9

⑯ 600 × 5

③ （　　）にあてはまる数を書きましょう。

かけ算では，かけられる数が10倍になると，答えも（　　　　）倍になる。

また，かけられる数が100倍になると，答えも（　　　　）倍になる。

---

9 かけ算の筆算①
2けたの数に1けたの数をかける計算 (1)

くり上がりなし

① 筆算でしましょう。

① 42 × 2

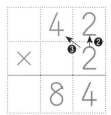

❶ 位をたてにそろえて書く。

❷ 一の位は「二二が4」

❸ 十の位は「二四が8」

② 21 × 4

③ 33 × 2

④ 13 × 3

⑤ 22 × 4

⑥ 41 × 2

⑦ 30 × 3

② 1ふくろ32こ入りのあめが3ふくろあります。
あめは，全部で何こありますか。

式

答え ＿＿＿＿＿＿＿＿＿

トライ

③ 1，3，5の3まいのカードを使って，下のようなかけ算をつくります。計算の答えが50にいちばん近くなるように，□に数字を書きましょう。

68

9 かけ算の筆算①
2けたの数に1けたの数をかける計算 (2)

くり上がり1回

① 筆算でしましょう。

① 36 × 2

```
    3 6
  ×   2
  ─────
    7 2
```

❶ 一の位は「二六12」十の位に1くり上げる。

❷ 十の位は「二三が6」6に、くり上げた1をたす。

② 25 × 3

③ 38 × 2

④ 27 × 3

⑤ 19 × 4

⑥ 45 × 2

⑦ 17 × 5

② 1まい48円のクッキーを、2まい買います。代金はいくらですか。

式

答え

③ □に数字を入れ、正しい筆算をつくりましょう。

①
```
  □ 4
×   □
─────
  7 2
```

②
```
  □ 8
×   2
─────
  9 □
```

③
```
  2 □
×   3
─────
  □ 5
```

---

9 かけ算の筆算①
2けたの数に1けたの数をかける計算 (3)

くり上がり1回

① 筆算でしましょう。

① 42 × 4

```
    4 2
  ×   4
  ─────
  1 6 8
```

❶ 一の位は「四二が8」

❷ 十の位は「四四16」1を百の位に書く。

② 83 × 3

③ 61 × 8

④ 54 × 2

⑤ 43 × 3

⑥ 71 × 6

⑦ 52 × 4

⑧ 31 × 6

⑨ 63 × 3

⑩ 90 × 9

⑪ 72 × 2

② 1箱53まい入りの色紙の箱が3箱あります。色紙は、全部で何まいありますか。

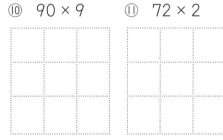

式

答え

⑨ かけ算の筆算①
2けたの数に1けたの数をかける計算 (4)

くり上がり2回

① 筆算でしましょう。

① 48 × 3

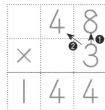

❶ 一の位は「三八24」十の位に2くり上げる。

❷ 十の位は「三四12」12に,くり上げた2をたす。

② 54 × 5

③ 66 × 3

④ 39 × 5
⑤ 27 × 6
⑥ 95 × 2
⑦ 73 × 8

② バスが4台あります。1台のバスに38人乗ると,全部で何人になりますか。

式

答え _____

(トライ)

③ かけ算をしないで,(　　)にあてはまる数を書きましょう。

① 43 × 5 = 215

43 × 6 = (　　　　　)

② 38 × 4 = 152

39 × 4 = (　　　　　)

---

⑨ かけ算の筆算①
2けたの数に1けたの数をかける計算 (5)

くり上がり2回

① 筆算でしましょう。

① 18 × 7

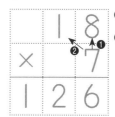

❶ 一の位は「七八56」

❷ 十の位は「七一が7」7にくり上げた5をたす。

② 36 × 3

③ 26 × 4

④ 28 × 4
⑤ 37 × 3
⑥ 27 × 4
⑦ 16 × 7

⑧ 39 × 3
⑨ 19 × 9
⑩ 17 × 6
⑪ 35 × 3

② 1つの辺が25cmの正方形の,まわりの長さは何cmですか。

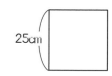

25cm

式

答え _____

くり上がり2回

① 筆算でしましょう。

① 79 × 4

❶ 一の位は「四九36」
十の位に
3くり上げる。

❷ 十の位は「四七28」
28に，くり上げた3
をたす。

② 88 × 6　　③ 59 × 9

④ 39 × 8　　⑤ 46 × 7　　⑥ 28 × 9　　⑦ 38 × 9

② 1本89円のボールペンを，7本買います。
代金はいくらですか。

式

答え _____

③ それぞれのかけ算の答えをもとめないで，□にあてはまる等号，
不等号を書きましょう。

① 38 × 6　□　36 × 8

計算をして
たしかめてみよう。

② 42 × 6　□　63 × 4

いろいろな型

① 31 × 3　　② 51 × 7　　③ 37 × 9　　④ 87 × 4

⑤ 47 × 2　　⑥ 15 × 9　　⑦ 74 × 2　　⑧ 14 × 2

⑨ 75 × 5　　⑩ 62 × 4　　⑪ 86 × 6　　⑫ 37 × 7

⑬ 16 × 6　　⑭ 77 × 7　　⑮ 38 × 3　　⑯ 24 × 3

71

月　日

9 かけ算の筆算①

2けたの数に1けたの数をかける計算（8）

名前

いろいろな型

① 41 × 8　② 12 × 4　③ 66 × 5　④ 16 × 8

⑤ 23 × 2　⑥ 38 × 3　⑦ 46 × 2　⑧ 92 × 4

⑨ 18 × 3　⑩ 28 × 7　⑪ 85 × 5　⑫ 78 × 7

⑬ 82 × 4　⑭ 13 × 2　⑮ 65 × 6　⑯ 24 × 3

月　日

9 かけ算の筆算①

2けたの数に1けたの数をかける計算（9）

名前

いろいろな型

① 11 × 7　② 48 × 6　③ 22 × 3　④ 26 × 2

⑤ 58 × 9　⑥ 73 × 3　⑦ 16 × 5　⑧ 46 × 4

⑨ 74 × 9　⑩ 87 × 6　⑪ 80 × 7　⑫ 56 × 9

⑬ 78 × 8　⑭ 12 × 3　⑮ 64 × 2　⑯ 28 × 3

いろいろな型

① 57 × 6　　② 42 × 4　　③ 38 × 2　　④ 11 × 8

⑤ 63 × 3　　⑥ 76 × 8　　⑦ 29 × 5　　⑧ 18 × 5

⑨ 44 × 2　　⑩ 54 × 7　　⑪ 61 × 9　　⑫ 90 × 4

⑬ 96 × 6　　⑭ 25 × 3　　⑮ 82 × 9　　⑯ 47 × 7

① 計算プリントが4まいあります。1まいの問題数は32問です。計算問題は全部で何問ありますか。

式

答え _____

② いちごが29こ入った箱が5箱あります。いちごは，全部で何こありますか。

式

答え _____

③ 本を1日に38ページずつ読みます。3日間では，何ページ読めますか。

式

答え _____

④ 1ふくろにおはじきが53こ入ったふくろが7ふくろあります。おはじきは，全部で何こありますか。

式

答え _____

⑨ かけ算の筆算①
3けたの数に1けたの数をかける計算 (1)

名前

くり上がりなし

① 筆算でしましょう。

① 243 × 2

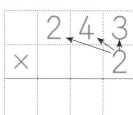

② 322 × 3

③ 143 × 2

④ 230 × 3

⑤ 121 × 4

⑥ 421 × 2

⑦ 233 × 3

⑧ 303 × 2

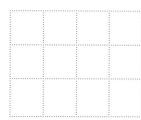

一の位からじゅんに計算していこう。
2けたの数の筆算と同じだね。

② 1こ244円のプリンを2こ買います。
代金はいくらですか。

式

答え

---

⑨ かけ算の筆算①
3けたの数に1けたの数をかける計算 (2)

名前

くり上がり1回・2回

① 筆算でしましょう。

① 356 × 2

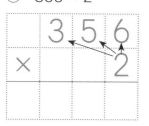

② 243 × 3

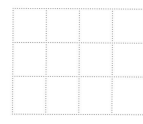

③ 214 × 3

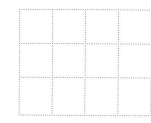

④ 146 × 5

⑤ 427 × 2

⑥ 152 × 4

⑦ 150 × 6

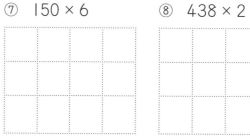

⑧ 438 × 2

⑨ 235 × 4

② 水族館までの電車代は1人460円です。
2人分の代金はいくらですか。

式

答え

① 筆算でしましょう。

① 325 × 3

② 418 × 2

③ 168 × 5

④ 273 × 2

⑤ 193 × 5

⑥ 214 × 3

⑦ 351 × 2

⑧ 268 × 3

⑨ 192 × 4

② 1mのねだんが266円のリボンを、3m買います。
代金はいくらですか。

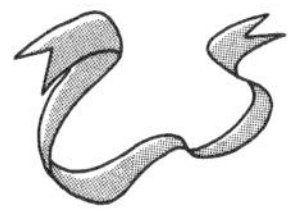

式

答え _____

① 筆算でしましょう。

① 410 × 2

② 238 × 3

③ 350 × 2

④ 163 × 5

⑤ 223 × 4

⑥ 133 × 3

⑦ 184 × 5

⑧ 291 × 3

⑨ 346 × 2

トライ

② □に数字を入れ、正しい筆算をつくりましょう。

①
```
    2 6 □
  ×     3
  ─────────
  □   9 2
```

②
```
    4 □ 7
  ×     □
  ─────────
    9 9 4
```

答えが4けた

① 筆算でしましょう。

① 723 × 3

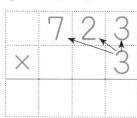

② 617 × 2

③ 818 × 4

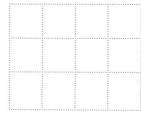

④ 328 × 5

⑤ 197 × 8

⑥ 293 × 7

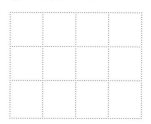

② 1しゅうが203mの公園のまわりを5しゅう走りました。全部で何m走りましたか。

式

答え

トライ

③ 下の㋐～㋓の中で，答えがいちばん大きくなるのはどれですか。見当をつけて答えましょう。

㋐　425
　×　3

㋑　523
　×　4

㋒　234
　×　5

㋓　432
　×　5

（　　　）

いろいろな型

① 203 × 3

② 183 × 5

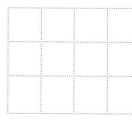

③ 762 × 5

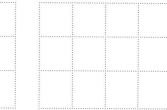

④ 319 × 3

⑤ 825 × 6

⑥ 459 × 2

⑦ 433 × 2

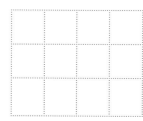

⑧ 235 × 4

⑨ 803 × 9

⑩ 192 × 4

⑪ 122 × 4

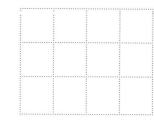

⑫ 624 × 3

月　日

9 かけ算の筆算①

3けたの数に1けたの数をかける計算（7）

名前

いろいろな型

① 462 × 3

② 579 × 4

③ 429 × 2

④ 331 × 3

⑤ 459 × 7

⑥ 364 × 2

⑦ 576 × 8

⑧ 165 × 6

⑨ 241 × 2

⑩ 146 × 5

⑪ 706 × 8

⑫ 216 × 4

月　日

9 かけ算の筆算①

3けたの数に1けたの数をかける計算（8）

名前

いろいろな型

① 609 × 9

② 211 × 4

③ 250 × 3

④ 328 × 3

⑤ 467 × 7

⑥ 159 × 6

⑦ 322 × 3

⑧ 594 × 5

⑨ 140 × 6

⑩ 234 × 4

⑪ 361 × 8

⑫ 723 × 2

いろいろな型

① 168 × 5

② 314 × 2

③ 738 × 6

④ 404 × 2

⑤ 243 × 4

⑥ 809 × 8

⑦ 678 × 7

⑧ 438 × 2

⑨ 231 × 3

⑩ 595 × 9

⑪ 367 × 2

⑫ 332 × 3

1 1こ274円のクロワッサンを,6こ買います。代金はいくらですか。

式

答え

2 動物園の入園料は,1人420円です。4人分ではいくらに
なりますか。

式

答え

3 1本の長さが135cmのリボンを,3本買います。1本324円です。

① 全部で何cmになりますか。

式

答え

② 代金はいくらですか。

式

答え

78

9 かけ算の筆算①
3けたの数に1けたの数をかける計算 (11)

名前

1　□にあてはまる数を書きましょう。

① (45 × 5) × 2 ＝ 45 × (□ × 2)

② (94 × 2) × 5 ＝ 94 × (2 × □)

2　くふうして計算しましょう。

① 70 × 2 × 3

② 182 × 5 × 2

③ 300 × 4 × 2

④ 25 × 4 × 7

⑤ 93 × 2 × 5

3　1こ98円のシュークリームが，1箱に2こずつ入っています。
5箱買うと，代金はいくらですか。くふうして計算しましょう。

式

答え _____

---

9 ふりかえり・たしかめ (1)
かけ算の筆算①

名前

1　計算しましょう。

① 40 × 7 ＝　　　　② 70 × 8 ＝

③ 50 × 2 ＝　　　　④ 200 × 4 ＝

⑤ 100 × 6 ＝　　　⑥ 600 × 3 ＝

2　筆算で計算しましょう。

① 32 × 3　② 324 × 3　③ 58 × 9　④ 123 × 3

   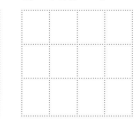

⑤ 37 × 2　⑥ 86 × 5　⑦ 753 × 7　⑧ 81 × 9

   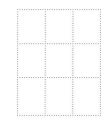

3　3年生は，どのクラスも36人ずつで，全部で4クラスあります。
3年生は，みんなで何人いますか。

式

答え _____

1 筆算でしましょう。

① 418 × 2　　② 28 × 3　　③ 242 × 2　　④ 65 × 3

⑤ 69 × 6　　⑥ 198 × 4　　⑦ 684 × 5　　⑧ 18 × 6

2 350mL 入りのお茶のペットボトルを 6 本買います。
　1 本 124 円です。

① 代金はいくらですか。

式

答え＿＿＿＿＿＿＿

② 全部で何 mL ですか。

式

答え＿＿＿＿＿＿＿

1 筆算でしましょう。

① 15 × 6　　② 159 × 5　　③ 79 × 7　　④ 568 × 8

⑤ 58 × 4　　⑥ 11 × 7　　⑦ 136 × 6　　⑧ 27 × 4

2 答えの見当をつけて,左の筆算のまちがいを見つけます。(　)に
あてはまる数を書きましょう。また,正しく計算しましょう。

①
$$\begin{array}{r} 73 \\ \times\ \ 5 \\ \hline 3515 \end{array}$$
　答えは, だいたい
　70 × 5 = (　　　　)

②
$$\begin{array}{r} 402 \\ \times\ \ 3 \\ \hline 126 \end{array}$$
　答えは, だいたい
　400 × 3 = (　　　　)

1　筆算でしましょう。

① 43×2　② 18×5　③ 508×6　④ 223×4

2　くふうして計算しましょう。

① 30×3×3

② 58×2×5

③ 800×2×4

3　1パック400円のいちごを買って，1人に3パックずつ配ります。3人に配ると，代金はいくらですか。くふうして計算しましょう。

式

答え _____

● 1～9までの9まいのカードから8まいをえらんで，次のようなかけ算をつくります。筆算が正しくなるように，□に数字を書きましょう。

①

②
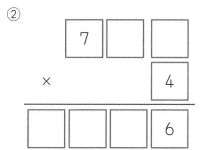

③

④

⑤

⑥
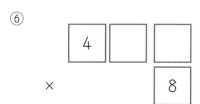

81

⑨ まとめのテスト
かけ算の筆算①

[知識・技能]

1 計算をしましょう。(5×2)

① 70 × 2

② 500 × 4

2 筆算でしましょう。(4×10)

① 23 × 3

② 12 × 7

③ 47 × 4

④ 15 × 8

⑤ 31 × 7

⑥ 67 × 8

⑦ 320 × 3

⑧ 187 × 5

⑨ 451 × 6

⑩ 753 × 8

名前

[思考・判断・表現]

3 1ふくろ37円のラムネを、2ふくろ買います。代金はいくらですか。(5×2)

式

答え _____

4 毎日29ページずつ本を読みます。8日間では、何ページ読めますか。(5×2)

式

答え _____

5 1本250mLで145円のジュースを7本買います。

① 代金はいくらですか。(5×2)

式

答え _____

② 全部で何mLですか。(5×2)

式

答え _____

6 1こ90円のパンが、1ふくろに4こずつ入っています。2ふくろ買うと、代金はいくらですか。くふうして計算しましょう。(5×2)

式

答え _____

月　　日

82

10 大きい数のわり算，分数とわり算
大きい数のわり算 (1)

名前

1　90まいのシールを，3人で同じ数ずつ分けます。
　1人分は何まいになりますか。

全部のまい数 ÷ 分ける人数 ＝ 1人分のまい数 になるね。

式　（　　　　）÷（　　　　）＝（　　　　）

答え（　　　　）まい

2　計算をしましょう。

① 80 ÷ 2　　　　　② 50 ÷ 5

③ 60 ÷ 3　　　　　④ 20 ÷ 2

⑤ 70 ÷ 7　　　　　⑥ 40 ÷ 2

⑦ 80 ÷ 4　　　　　⑧ 30 ÷ 3

10をもとに考えるといいね。

10 大きい数のわり算，分数とわり算
大きい数のわり算 (2)

名前

1　84このあめを，4人で同じ数ずつ分けます。
　1人分は何こになりますか。

式　（　　　　）÷（　　　　）＝（　　　　）

位ごとに分けて計算するといいね。

$\dfrac{84}{80 \quad 4}$

80 ÷ 4 ＝（　　　　）

4 ÷ 4 ＝（　　　　）

あわせて（　　　　）

答え（　　　　）こ

2　計算をしましょう。

① 63 ÷ 3　　　　　② 48 ÷ 4

③ 55 ÷ 5　　　　　④ 26 ÷ 2

⑤ 93 ÷ 3　　　　　⑥ 66 ÷ 6

⑦ 88 ÷ 2　　　　　⑧ 69 ÷ 3

3　次のわり算のうち，答えが2けたになるものを全部えらんで，
　（　　）に記号を書きましょう。

㋐ 49 ÷ 7　　㋑ 96 ÷ 3　　㋒ 64 ÷ 2　　㋓ 48 ÷ 8

（　　　　　　　　　）

10 大きい数のわり算，分数とわり算
分数とわり算 (1)

名前

1　ロープの長さは60cmです。60cmの$\frac{1}{3}$の長さは何cmですか。
（　　）にあてはまる数を書きましょう。

| 60cmの$\frac{1}{3}$の長さは，60cmを（　　　　）等分した1こ分の長さ |

式　　60 ÷（　　　　）=（　　　　）

答え（　　　　）cm

2　40cmの$\frac{1}{4}$の長さは何cmですか。

式

答え　　　　　　　

3　次の長さは何cmですか。

①　90cmの$\frac{1}{3}$の長さ　　　　（　　　　）cm

②　80cmの$\frac{1}{4}$の長さ　　　　（　　　　）cm

③　30cmの$\frac{1}{3}$の長さ　　　　（　　　　）cm

---

10 大きい数のわり算，分数とわり算
分数とわり算 (2)

名前

1　赤色のリボンの長さは93cm，白色のリボンの長さは96cmです。もとの長さの$\frac{1}{3}$の長さを，それぞれもとめましょう。

①　赤色のリボン

式

答え　　　　　　　

②　白色のリボン

式

答え　　　　　　　

③　①と②は，どちらも，もとの長さの$\frac{1}{3}$なのに，長さがちがうのはなぜですか。

答え　もとの長さが（　　　　　　）から。

2　（　　）にあてはまる数を書きましょう。

①　69cmの$\frac{1}{3}$の長さは，（　　　　　）cmです。

②　88cmの$\frac{1}{4}$の長さは，（　　　　　）cmです。

③　（　　　　　　）cmの$\frac{1}{3}$の長さは，8cmです。

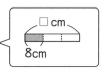

④　（　　　　　　）cmの$\frac{1}{4}$の長さは，12cmです。

84

① 計算をしましょう。

① 60÷2　　② 90÷3

③ 40÷4　　④ 50÷5

⑤ 84÷4　　⑥ 66÷2

⑦ 77÷7　　⑧ 39÷3

② 99まいのカードを，3人で同じ数ずつ分けます。
1人分は何まいになりますか。

式

答え＿＿＿＿＿＿＿＿＿

③ 黄色の毛糸の長さは，80cmです。
80cmの$\frac{1}{4}$の長さは何cmですか。

式

答え＿＿＿＿＿＿＿＿＿

① さとしさんは，84円の$\frac{1}{4}$，まりさんは，88円の$\frac{1}{4}$のお金を持っています。どちらが何円多いですか。

① さとしさんは，お金をいくら持っていますか。

式

答え＿＿＿＿＿＿＿＿＿

② まりさんは，お金をいくら持っていますか。

式

答え＿＿＿＿＿＿＿＿＿

③ どちらが何円多いですか。

式

答え＿＿＿＿＿＿＿＿＿

② もとの長さの$\frac{1}{3}$が15cmでした。もとの長さは何cmですか。

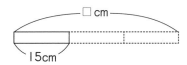

式

答え＿＿＿＿＿＿＿＿＿

10 まとめのテスト
大きい数のわり算、分数とわり算

【知識・技能】

① 計算をしましょう。(2×10)

① 60÷2

② 40÷2

③ 80÷4

④ 30÷3

⑤ 39÷3

⑥ 66÷6

⑦ 84÷4

⑧ 42÷2

⑨ 55÷5

⑩ 93÷3

② （　）にあてはまる数を書きましょう。(5×6)

① 60cmの $\frac{1}{3}$ の長さは、（　　）cmです。

② 63cmの $\frac{1}{3}$ の長さは、（　　）cmです。

③ 88cmの $\frac{1}{4}$ の長さは、（　　）cmです。

④ 16cmの $\frac{1}{4}$ の長さは、（　　）cmです。

⑤ （　　）cmの $\frac{1}{3}$ の長さは、10cmです。

⑥ （　　）cmの $\frac{1}{4}$ の長さは、15cmです。

【思考・判断・表現】

③ 80このおはじきを、4人で同じ数ずつ分けます。1人分は何こになりますか。(5×2)

式

答え _____

④ 96円を、3人で同じ金がくずつ分けます。1人分はいくらになりますか。(5×2)

式

答え _____

⑤ 青色のテープの長さは90cmです。90cmの $\frac{1}{3}$ の長さは何cmですか。(5×2)

式

答え _____

⑥ 水色のテープの長さは93cmです。93cmの $\frac{1}{3}$ の長さは何cmですか。(5×2)

式

答え _____

⑦ もとの長さの $\frac{1}{4}$ が30cmでした。もとの長さは何cmですか。(5×2)

式

答え _____

どんな計算になるのかな？（1）

● 3年1組と3年2組のみんなで遊園地に行きます。

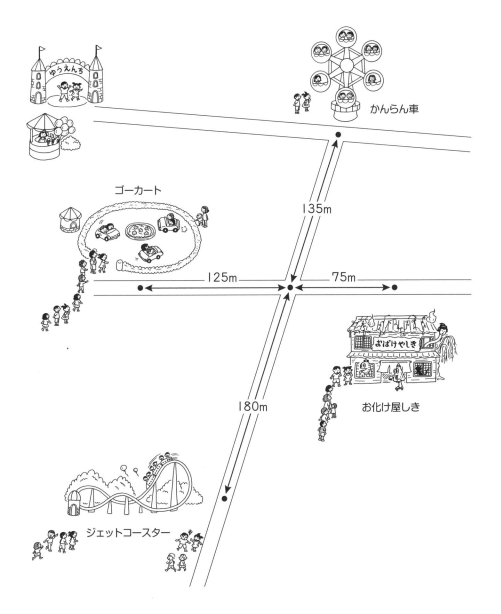

① 1組も2組も36人です。みんなで何人いますか。

式

答え _____

② 1組では，36人を，同じ人数ずつ9つのグループに分けて，
お化け屋しきに行きます。1グループは何人になりますか。

式

答え _____

③ かんらん車からゴーカートまでの道のりと，お化け屋しきから
ジェットコースターまでの道のりは，どちらが何m遠いですか。

式

答え _____

④ かんらん車には2人ならんでいます。ゴーカートにならんでいる
人は，かんらん車にならんでいる人の4倍です。ゴーカートには何人
ならんでいますか。

式

答え _____

どんな計算になるのかな？(2)

名前

どんな計算になるのかな？(3)

名前

１　花が 39 本あります。6 本ずつたばにして花たばを作ります。6 本ずつの花たばはいくつできますか。

式

答え

２　1635 円の図かんを買うために、レジで 5000 円さつを出しました。おつりはいくらですか。

式

答え

３　1 箱 12 本入りのえん筆が 8 箱あります。えん筆は、全部で何本ありますか。

式

答え

４　124 円のかきと、786 円のぶどうを買います。代金はいくらですか。

式

答え

１　あおいさんは 534 円、弟は 385 円持っています。

①　2 人の持っているお金は、あわせていくらですか。

式

答え

②　あおいさんは、弟より何円多く持っていますか。

式

答え

２　46 人の子どもが、1 きゃくの長いすに 5 人ずつすわります。全員がすわるには、長いすは何きゃくいりますか。

式

答え

３　1 つのコップに、牛にゅうを 120mL ずつ入れます。7 つのコップに入れるには、牛にゅうは何 mL いりますか。

式

答え

どんな計算になるのかな？(4)

月　日

① 花だんに球根を植えます。1列に37こずつ，8列植えるには，球根は何こいりますか。

式

答え＿＿＿＿＿＿＿＿＿＿

② 金魚が63びきいます。1つの水そうに7ひきずつ入れると，水そうは，いくついりますか。

式

答え＿＿＿＿＿＿＿＿＿＿

③ 植物園のきのうの入場者数は，午前が187人，午後が226人でした。

① 午後の入場者数は，午前の入場者数より何人多いですか。

式

答え＿＿＿＿＿＿＿＿＿＿

② きのうの入場者数は，午前と午後をあわせると何人ですか。

式

答え＿＿＿＿＿＿＿＿＿＿

どんな計算になるのかな？(5)

月　日

① 運動場に，2年生と3年生が全部で331人います。そのうち2年生は173人です。3年生は何人いますか。

式

答え＿＿＿＿＿＿＿＿＿＿

② まわりの長さが32cmの正方形があります。この正方形の1つの辺の長さは何cmですか。

式

答え＿＿＿＿＿＿＿＿＿＿

③ 1こ124円のドーナツを5こ買って，レジで1000円さつを出しました。おつりはいくらですか。

式

答え＿＿＿＿＿＿＿＿＿＿

④ 1こ86円の消しゴムを6こと，108円のえん筆を1本買います。代金はいくらですか。

式

答え＿＿＿＿＿＿＿＿＿＿

P.4

① かけ算 かけ算のきまり (1)　名前

① かけ算のきまりについて，（ ）にあてはまる数を書きましょう。
① 6×5の答えは，（5）×（6）の答えと同じになる。
② 4×8の答えは，4×7の答えより（4）大きくなる。
③ 5×3の答えは，5×4の答えより（5）小さくなる。

② （ ）にあてはまる数を書きましょう。
① 9×2=2×（9）　② 8×7=7×（8）
③ 3×6=（6）×3　④ 2×4=（4）×2
⑤ 5×9=5×8+（5）　⑥ 6×8=6×7+（6）
⑦ 4×5=4×6-（4）　⑧ 7×3=7×4-（7）

③ 下の①，②は，かけ算の九九の表の一部です。⑦～⑦にあてはまる数を書きましょう。

12	15	18
16	20	24
20	25	30

42	49	56
48	56	64
54	63	72

① かけ算 かけ算のきまり (2)　名前

① 8×7の答えを，⑦，④の考え方でもとめます。
（ ）にあてはまることばや数を書きましょう。

⑦ 8×7 { 5×7=35 / (3)×7=21 } あわせて 56

④ 8×7 { 2×7=(14) / (6)×7=42 } あわせて 56

8×7

かけ算では，かけられる数を分けて計算しても，答えは（同じ）になる。

② （ ）にあてはまる数を書きましょう。
① 9×4 { 5×4=20 / (4)×4=16 } あわせて 36
（例） 7×5 { 5×5=25 / 2×5=10 } あわせて 35

② 6×8 { 6×6=(2)×8=16 ... 32 / ... 48 } あわせて 48
（例） 5×6 { 3×6=18 / 2×6=12 } あわせて 30

いろいろな分け方があるね。

P.5

① かけ算 かけ算のきまり (3)　名前

① 7×9の答えを，⑦，④の考え方でもとめます。
（ ）にあてはまることばや数を書きましょう。

⑦ 7×9 { 7×5=35 / 7×(4)=28 } あわせて 63

④ 7×9 { 7×6=42 / 7×(3)=21 } あわせて 63

7×9

かけ算では，かけられる数を分けて計算しても，答えは（同じ）になる。

② （ ）にあてはまる数を書きましょう。
① 6×7 { 6×2=12 / 6×(5)=30 } あわせて 42
（例） 3×6 { 3×(5)=15 / 3×(1)=3 } あわせて 18

② 4×8 { 4×6=24 / 4×(2)=8 } あわせて 32
（例） 9×5 { 9×(3)=27 / 9×(2)=18 } あわせて 45

① かけ算 かけ算のきまり (4)　名前

① 次の⑦，④，⑦のかけ算のきまりを使って，3×10の答えをもとめます。（ ）にあてはまる数を書きましょう。
⑦ 3×10=10×（3）　④ 3×10=3×9+（3）
⑦ 3×10 { 3×6=(18) / 3×(4)=12 } あわせて 30　答え（ 30 ）

② 計算をしましょう。
① 5×10=50　② 4×10=40　③ 8×10=80
④ 10×7=70　⑤ 10×9=90　⑥ 10×2=20

③ 6人に，10本ずつえん筆を配ります。
えん筆は，全部で何本いりますか。
式 10×6=60　答え 60本

④ 1箱9こ入りのももの箱が10箱あります。
ももは全部で何こありますか。
式 9×10=90　答え 90こ

P.6

① かけ算 かけ算のきまり (5)　名前

① 14×3の答えを，⑦，④の考え方でもとめます。
（ ）にあてはまる数を書きましょう。

⑦ 14×3 { 9×3=27 / (5)×3=15 } あわせて 42

④ 14×3 { 10×3=30 / (4)×3=12 } あわせて 42

答え（ 42 ）
14×3

② （ ）にあてはまる数を書きましょう。
① 11×4 { 9×4=36 / (2)×4=8 } あわせて 44
② 13×6 { 9×6=54 / (4)×6=24 } あわせて 78
③ 12×8 { 10×8=80 / (2)×8=16 } あわせて 96
④ 15×5 { 10×5=50 / (5)×5=25 } あわせて 75

九九や10のかけ算を使ってもとめることができるね。

① かけ算 かけ算のきまり (6)　名前

① 12×6の答えをもとめましょう。
自分の考えを下の図に表して，式と答えを書きましょう。

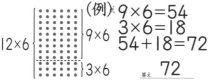

（例）
9×6=54
3×6=18
54+18=72

12×6　9×6　3×6
答え 72

② 13×4の答えを，次の⑦，④のような式を書いてもとめました。
⑦ 9×4=36 / 4×4=16 / 36+16=52
④ 10×4=40 / 3×4=12 / 40+12=52
（例）

① ⑦の考えを，右の図に表しましょう。
13×4　9×4　4×4

② ④の考えを，せつ明しましょう。
13を10と3に分けて，10のかけ算と，3のだんの九九を使ってもとめます。

P.7

① かけ算 0のかけ算　名前

① ここなさんとはるきさんは，おはじき入れゲームをしました。

① 右の図は，ここなさんのけっかです。
ここなさんのそれぞれのとく点を式に表して，とく点の合計をもとめましょう。

入ったところ	入 数		
7点→7×	(1)	=	7
5点→5×	(0)	=	(0)
3点→3×	(4)	=	(12)
0点→0×	(5)	=	(0)
合計			19 点

② はるきさんのとく点の付け方は，右のような式に表せます。それぞれの点数のところに入ったおはじきは何こで，とく点は何点ですか。

入ったところ	こ数	とく点
7点	(2) こ	14 点
5点	(4) こ	20 点
3点	(0) こ	(0) 点
0点	(4) こ	(0) 点
		34

はるきさんのとく点
7×2　5×4
3×0　0×4

② 計算をしましょう。
① 7×0=0　② 0×5=0　③ 3×0=0　④ 0×9=0
⑤ 12×0=0　⑥ 0×0=0　⑦ 0×11=0　⑧ 0×2=0

① かけ算 かける数とかけられる数　名前

① □にあてはまる数のもとめましょう。
① 6×□=18　□=（3）
② 7×□=42　□=（6）
③ □×4=20　□=（5）

かけ算のきまりを使ったり，じゅんに数をあてはめたりすれば，もとめることができる。
7×4=28
7×5=35
7×6=42

② （ ）にあてはまる数を書きましょう。
① 2×（7）=14　② 9×（4）=36
③ 5×（7）=35　④ 3×（3）=9
⑤ 8×（3）=24　⑥ 4×（7）=28
⑦ （3）×6=18　⑧ （5）×5=25
⑨ （8）×9=72　⑩ （4）×3=12
⑪ （8）×7=56　⑫ （4）×2=8

P.8

1 ふりかえり・たしかめ (1) かけ算

1 （ ）にあてはまる数を書いて，次のかけ算の答えをもとめましょう。

① 7×8＝8×（7）
　＝（56）

② 5×10＝10×（5）
　＝（50）

③ 9×4＝（4）×9
　＝（36）

④ 6×2＝（2）×6
　＝（12）

⑤ 4×3＝4×2＋（4）
　＝（12）

⑥ 2×10＝2×9＋（2）
　＝（20）

⑦ 8×5＝8×6－（8）
　＝（40）

⑧ 3×6＝3×7－（3）
　＝（18）

かけ算のきまりを使うと，いろいろなもとめ方ができるね。

2 （ ）にあてはまる数を書きましょう。

5×3 〈 3×3＝（9）
　　　 （2）×3＝（6）
　　　 あわせて（15）

7×6 〈 4×6＝（24）
　　　 （3）×6＝（18）
　　　 あわせて（42）

4×9 〈 4×5＝（20）
　　　 4×（4）＝（16）
　　　 あわせて（36）

6×10 〈 6×（6）＝（24）
　　　 6×（6）＝（36）
　　　 あわせて（60）

1 ふりかえり・たしかめ (2) かけ算

1 1箱10こ入りのキャラメルが4箱あります。キャラメルは，全部で何こありますか。

式 10×4＝40

答え 40こ

2 計算をしましょう。

① 10×6　60
② 2×10　20
③ 10×8　80
④ 5×10　50

3 右の図のように考えて，かけ算の答えをもとめます。（ ）にあてはまる数を書きましょう。

12×5 〈 （10）×（5）＝50
　　　 （2）×（5）＝10
　　　 あわせて 60

12×5
10・5
2・5

4 答えが0になるかけ算の式はどれですか。

⑦ 0×9
⑦ 0×0
⑦ 5×10
⑦ 5×0

（ア，イ，エ）

5 （ ）にあてはまる数を書きましょう。

① 4×（9）＝36
② 5×（8）＝40
③ （6）×9＝54
④ （2）×8＝16

P.9

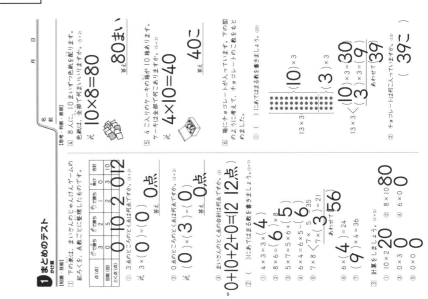

1 まとめのテスト かけ算

P.10

2 時こくと時間のもとめ方 時こくと時間のもとめ方 (1)

1 家を10時50分に出て，30分歩くと図書館に着きました。着いた時こくは何時何分ですか。

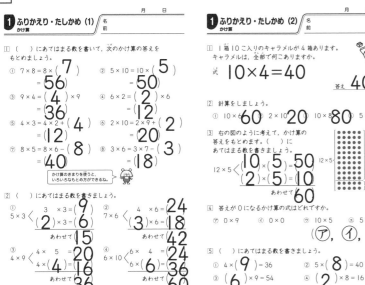

ちょうどの時こくをもとに考えよう。

答え（11）時（20）分

2 下の数直線を見て，次の時こくをもとめましょう。

（1めもりは10分）

① 6時50分から20分後の時こく（7時10分）
② 7時40分から30分後の時こく（8時10分）
③ 7時50分から40分後の時こく（8時30分）

2 時こくと時間のもとめ方 時こくと時間のもとめ方 (2)

1 公園を9時40分に出て，友だちの家に10時20分に着きました。公園から友だちの家まで，かかった時間は何分ですか。

答え（40）分

2 下の数直線を見て，次の時間をもとめましょう。

（1めもりは10分）

① 8時50分から9時10分までの時間（20分）
② 8時30分から9時20分までの時間（50分）
③ 8時40分から9時25分までの時間（45分）

P.11

2 時こくと時間のもとめ方 時こくと時間のもとめ方 (3)

1 駅を出て20分歩いて，病院に9時10分に着きました。駅を出た時こくは何時何分ですか。

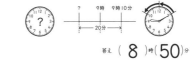

答え（8）時（50）分

2 下の数直線を見て，答えましょう。

（1めもりは10分）

① 10時20分から30分前の時こくをもとめましょう。（9時50分）
② 10時30分から50分前の時こくをもとめましょう。（9時40分）
③ 家から動物園まで40分かかります。10時10分までに動物園に着くためには，おそくとも何時何分までに家を出なければならないでしょうか。（9時30分）

2 時こくと時間のもとめ方 時こくと時間のもとめ方 (4)

1 図書館にいた時間は30分，公園にいた時間は50分です。あわせて何時間何分ですか。

0　　　　　　　　1時間
30分　50分
図書館にいた時間　公園にいた時間

答え（1）時間（20）分

2 ひろきさんが，きのう，家で勉強した時間は，下のとおりです。勉強した時間は，全部で何時間何分ですか。

計算	30分
漢字	20分
音読	20分

時間も長さやかさと同じに計算できるね。

（1時間10分）

3 ほのかさんは，いとこの家へ遊びに行くのに，まず，電車に1時間30分，その後バスに50分乗りました。乗り物に乗った時間は，あわせて何時間何分ですか。

（2時間20分）

解答

児童に実施させる前に，必ず指導される方が問題を解いてください。本書の解答は，あくまでも1つの例です。指導される方の作られた解答をもとに，本書の解答例を参考に児童の多様な考えに寄り添って○つけをお願いします。

P.12

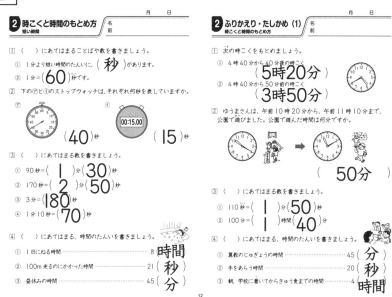

2 時こくと時間のもとめ方 （短い時間）

① （ ）にあてはまることばや数を書きましょう。
　① 1分より短い時間のたんいに，（秒）があります。
　② 1分＝（60）秒です。

② 下の⑦と④のストップウォッチは，それぞれ何秒を表していますか。
　⑦（40）秒　④（15）秒

③ （ ）にあてはまる数を書きましょう。
　① 90秒＝（1）分（30）秒
　② 170秒＝（2）分（50）秒
　③ 3分＝（180）秒
　④ 1分10秒＝（70）秒

④ （ ）にあてはまる，時間のたんいを書きましょう。
　① 1日にねる時間　……　8（時間）
　② 100m走るのにかかった時間　……　21（秒）
　③ 昼休みの時間　……　45（分）

2 ふりかえり・たしかめ (1) 時こくと時間のもとめ方

① 次の時こくをもとめましょう。
　① 4時40分から40分後の時こく（5時20分）
　② 4時40分から50分前の時こく（3時50分）

② ゆうまさんは，午前10時20分から，午前11時10分まで，公園で遊びました。公園で遊んだ時間は何分ですか。
　（50分）

③ （ ）にあてはまる数を書きましょう。
　① 110分＝（1）分（50）秒
　② 100分＝（1）時間（40）分

④ （ ）にあてはまる，時間のたんいを書きましょう。
　① 算数のじゅぎょうの時間　……　45（分）
　② 手をあらう時間　……　20（秒）
　③ 朝，学校に着いてからきゅう食までの時間　……　4（時間）

P.13

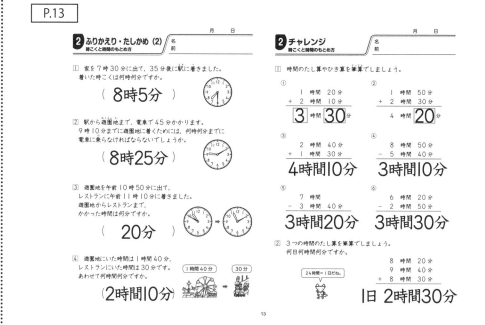

2 ふりかえり・たしかめ (2) 時こくと時間のもとめ方

① 家を7時30分に出て，35分後に駅に着きました。着いた時こくは何時何分ですか。
　（8時5分）

② 駅から遊園地まで，電車で45分かかります。9時10分までに遊園地に着くためには，何時何分までに電車に乗らなければならないでしょうか。
　（8時25分）

③ 遊園地を午前10時50分に出て，レストランに午前11時10分に着きました。遊園地からレストランまで，かかった時間は何分ですか。
　（20分）

④ 遊園地にいた時間は1時間40分，レストランにいた時間は30分です。あわせて何時間何分ですか。
　[1時間40分]　[30分]　（2時間10分）

2 チャレンジ 時こくと時間のもとめ方

① 時間のたし算やひき算を筆算でしましょう。
　①　　1時間20分
　　＋　2時間10分
　　　　3時間30分

　②　　1時間50分
　　＋　2時間30分
　　　　4時間20分

　③　　2時間40分
　　＋　1時間30分
　　　　4時間10分

　④　　8時間50分
　　－　5時間40分
　　　　3時間10分

　⑤　　7時間
　　－　3時間40分
　　　　3時間20分

　⑥　　6時間20分
　　－　2時間50分
　　　　3時間30分

② 3つの時間のたし算を筆算でしましょう。何日何時間何分ですか。
　　　8時間20分
　　　9時間40分
　＋　8時間30分
　[24時間で1日だね。]
　　1日2時間30分

P.14

2 まとめのテスト (1) 時こくと時間のもとめ方 【知識・技能】

① 次の時こくをもとめましょう。（5×2）
　① 4時20分から50分後の時こく（4時10分）
　② 9時50分から30分後の時こく（10時20分）
　③ 5時10分から40分前の時こく（4時30分）
　④ 11時15分から20分前の時こく（10時55分）

② 次の時間をもとめましょう。（5×3）
　① 午前10時50分から午前11時10分までの時間（20分）
　② 午前7時20分から午前8時15分までの時間（55分）
　③ 午後2時40分から午後3時20分までの時間（40分）

③ 次の時間をもとめ，あわせた時間（5×6）
　① 40分と50分をあわせた時間（1時間30分）
　② 1時間50分と30分をあわせた時間（2時間20分）
　③ （ ）にあてはまる数を書きましょう。（3×4）
　① 70秒＝（1）分（10）秒
　② 100分＝（1）時間（40）分
　③ 150分＝（2）時間（30）分
　④ 3分＝（180）秒
　⑤ 1分30秒＝（90）秒
　⑥ 80秒＝（1）分（20）秒

④ （ ）にあてはまる，時間のたんいを書きましょう。（3×3）
　　教室を1しゅうするのにかかった時間　……　5（秒）
　　朝起きてから夜ねるまでの時間　……　15（時間）
　　きゅう食の時間　……　45（分）

P.15

2 まとめのテスト (2) 時こくと時間のもとめ方 【思考・判断・表現】

⑤ 家を出て40分かかって，水族館に10時25分に着きました。家を出たのは何時何分ですか。（10）
　（9時45分）

⑥ あいりさんの家から，かなさんの家まで1時15分かかります。おたがいの家のちょうど間にあるバスていに11時に着くには，おそくとも何時何分に家を出なければならないでしょうか。（10）
　（10時45分）

⑦ 公園で，サッカーをしていた時間は50分，おにごっこをしていた時間は20分です。あわせて何時間何分ですか。（15）
　（1時間10分）

⑧ 午前中に算数のプリントと1時間40分，午後に漢字の練習を45分しました。あわせて何時間何分ですか。（15）
　（2時間25分）

① 家を9時30分に出て，40分歩いてスーパーマーケットに着きました。着いた時こくは何時何分ですか。（10）
　（10時10分）

② 2時20分からピアノのれんしゅうを45分しました。終わった時こくは何時何分ですか。（15）
　（3時5分）

③ 学校を午後3時50分に出て，家に午後4時10分に着きました。学校から家まで，かかった時間は何分ですか。（15）
　（20分）

④ 午前7時40分から，午前8時15分まで，遊歩をしました。かかった時間は何分ですか。（15）
　（35分）

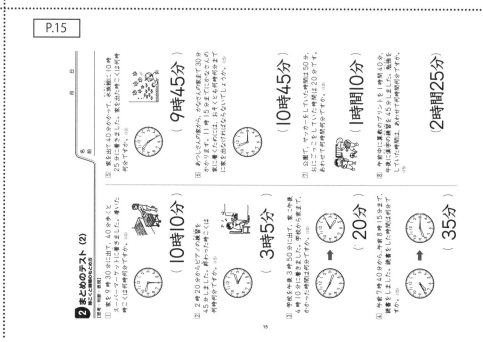

児童に実施させる前に，必ず指導される方が問題を解いてください。本書の解答は，あくまでも１つの例です。指導される方の作られた解答をもとに，本書の解答例を参考に児童の多様な考えに寄り添って○つけをお願いします。　　　**解答**

P.16

3 わり算
1人分の数をもとめる計算 (1)　名前

●みかんが 15 こあります。3 人で同じ数ずつ分けると，1 人分は何こになりますか。

① 絵を使って，1 人分の数を調べます。
3 人で同じ数ずつ，下の　　に分けましょう。

略

② わり算の式に表しましょう。

$15 ÷ 3 = 5$
十五　わる　三　は　五

③ 1 人分は何こになりますか。

5 こ

● ÷を練習しましょう。

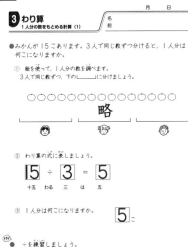

3 わり算
1人分の数をもとめる計算 (2)　名前

●絵を使って答えをもとめ，式と答えを書きましょう。

① ドーナツが 20 こあります。5 人で同じ数ずつ分けます。
1 人分は何こになりますか。

式　$20 ÷ 5 = 4$

答え　4 こ

② 12 本のジュースを，2 人で同じ数ずつ分けると，1 人分は何本になりますか。

式　$12 ÷ 2 = 6$

答え　6 本

P.17

3 わり算
1人分の数をもとめる計算 (3)　名前

① えん筆が 18 本あります。
6 人で同じ数ずつ分けると，1 人分は何本になりますか。

① 式を書きましょう。　$18 ÷ 6$

② ①の答えは，何のだんの九九で見つけられますか。

（ 6 ）のだん

1人分の数	人数	全部の数
□ × 6	= 18	
□ × 6	= 6 ×	だね。

③ 1 人分は何本になりますか。

全部の数	人数	1人分の数

式　$18 ÷ 6 = 3$

6×1=6
6×2=12
6×3=18
6×4=24

答え　3 本

② 21cm のテープがあります。
同じ長さずつ 7 本に切ります。
1 本の長さは何 cm になりますか。

式　$21 ÷ 7 = 3$

答え　3cm

3 わり算
何人に分けられるかをもとめる計算 (1)　名前

① あめが 12 こあります。1 人に 4 こずつ分けると，何人に分けられますか。

① 絵を使って，何人に分けられるか調べます。1 人に 4 こずつ，下の　　に分けましょう。

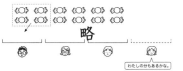

略

わたしの分もあるかな。

② わり算の式に表しましょう。

$12 ÷ 4 = 3$

③ 何人に分けられますか。

（ 3 ）人

② （　）にあてはまることばを　　からえらんで書きましょう。

12 ÷ 4 の式で，12 を（ **わられる数** ）といい，
4 を（ **わる数** ）といいます。

わる数　・　わられる数

P.18

3 わり算
何人に分けられるかをもとめる計算 (2)　名前

① いちごが 24 こあります。1 人に 4 こずつ分けると，何人に分けられますか。

① 式を書きましょう。　$24 ÷ 4$

② ①の答えは，何のだんの九九で見つけられますか。

（ 4 ）のだん

1人分の数	人数	全部の数
4 × □	= 24	だから…

③ 何人に分けられますか。

全部の数	1人分の数	人数

式　$24 ÷ 4 = 6$

4×1=4
4×2=8
4×3=12
4×4=16
4×5=20
4×6=24

答え　6 人

② 28cm のテープがあります。7cm ずつに切ると，何本になりますか。

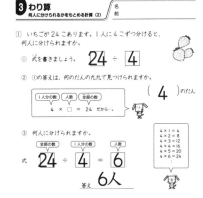

式　$28 ÷ 7 = 4$

答え　4 本

3 わり算
何人に分けられるかをもとめる計算 (3)　名前

●下の⑦と④の 2 つの問題をくらべましょう。

⑦ 8 このチョコレートを，2 人で同じ数ずつ分けると，1 人分は何こになりますか。

④ 8 このチョコレートを，1 人に 2 こずつ分けると，何人に分けられますか。

① 式と答えを書きましょう。

⑦ 式　$8 ÷ 2 = 4$
答え　4 こ

④ 式　$8 ÷ 2 = 4$
答え　4 人

② ⑦と④の問題の場面を表すかけ算の式は，それぞれ下の⑦と④のどちらですか。また，□にあてはまる数を書きましょう。

⑦ $□ × 2 = 8$　　④ $2 × □ = 8$

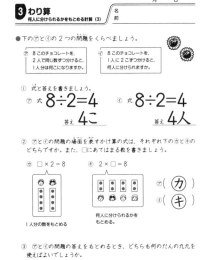

1人分の数をもとめる　　何人に分けられるかをもとめる

⑦（ カ ）
④（ キ ）

③ ⑦と④の問題の答えをもとめるとき，どちらも何のだんの九九を使えばよいでしょうか。

（ 2 ）のだん

P.19

3 わり算
何人に分けられるかをもとめる計算 (4)　名前

① 「18 まいのクッキーを，…」につづけて，18 ÷ 2 の式になる問題を 2 つつくりましょう。

⑦ 1 人分の数をもとめる問題

（例）18 まいのクッキーを，2人で同じ数ずつ分けると，1人分は何まいになりますか。

④ 何人に分けられるかをもとめる問題

（例）18 まいのクッキーを，1人に2まいずつ分けると，何人に分けられますか。

② キャラメルが 16 こあります。

① 2 人で同じ数ずつ分けると，1 人分は何こになりますか。

式　$16 ÷ 2 = 8$

答え　8 こ

② 1 人に 2 こずつ分けると，何人に分けられますか。

式　$16 ÷ 2 = 8$

答え　8 人

3 わり算
0や1のわり算　名前

① かごに入っているりんごを，3 人で同じ数ずつ分けると，1 人分は何こになるかをもとめる式を書きましょう。

① 6 こ入っているとき

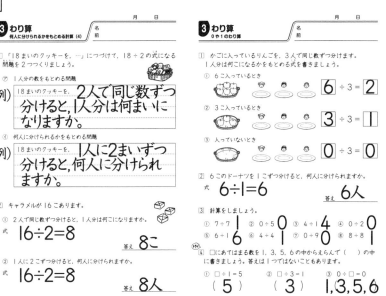

$6 ÷ 3 = 2$

② 3 こ入っているとき

$3 ÷ 3 = 1$

③ 入っていないとき

$0 ÷ 3 = 0$

② 6 このドーナツを 1 こずつ分けると，何人に分けられますか。

式　$6 ÷ 1 = 6$

答え　6 人

③ 計算をしましょう。

① $7 ÷ 7 = 1$　② $0 ÷ 5 = 0$　③ $4 ÷ 4 = 1$　④ $0 ÷ 2 = 0$
⑤ $6 ÷ 1 = 6$　⑥ $4 ÷ 4 = 1$　⑦ $0 ÷ 9 = 0$　⑧ $8 ÷ 1 = 8$

④ □にあてはまる数を 1，3，5，6 の中からえらんで（　）の中に書きましょう。答えは 1 つではないこともあります。

① $□ ÷ 1 = 5$　② $□ ÷ 3 = 1$　③ $0 ÷ □ = 0$
（ 5 ）　　（ 3 ）　　1, 3, 5, 6

P.20

③ わり算 計算練習(1)

① 35÷5=7 ② 16÷2=8 ③ 3÷3=1
④ 9÷1=9 ⑤ 4÷2=2 ⑥ 0÷4=0
⑦ 12÷2=6 ⑧ 4÷1=4 ⑨ 6÷3=2
⑩ 24÷4=6 ⑪ 15÷5=3 ⑫ 36÷4=9
⑬ 2÷2=1 ⑭ 24÷3=8 ⑮ 4÷4=1
⑯ 10÷5=2 ⑰ 5÷1=5 ⑱ 12÷4=3
⑲ 10÷5=2 ⑳ 8÷1=8 ㉑ 2÷1=2
㉒ 40÷5=8 ㉓ 28÷4=7 ㉔ 0÷3=0
㉕ 3÷1=3 ㉖ 18÷3=6 ㉗ 5÷5=1
㉘ 3÷1=3 ㉙ 14÷2=7 ㉚ 0÷5=0
㉛ 27÷3=9 ㉜ 14÷2=7 ㉝ 0÷5=0
㉞ 32÷4=8 ㉟ 20÷5=4 ㊱ 8÷2=4
㊲ 18÷2=9 ㊳ 0÷1=0 ㊴ 9÷3=3
㊵ 6÷1=6 ㊶ 45÷5=9 ㊷ 7÷1=7
㊸ 21÷7=3 ㊹ 8÷4=2 ㊺ 0÷2=0
㊻ 20÷4=5 ㊼ 15÷5=3 ㊽ 1÷1=1
㊾ 25÷5=5 ㊿ 12÷3=4

③ わり算 計算練習(2)

① 18÷3=6 ② 2÷1=2 ③ 5÷5=1
④ 24÷3=8 ⑤ 12÷2=6 ⑥ 8÷4=2
⑦ 0÷2=0 ⑧ 25÷5=5 ⑨ 28÷4=7
⑩ 8÷1=8 ⑪ 45÷5=9 ⑫ 36÷4=9
⑬ 8÷2=4 ⑭ 9÷3=3 ⑮ 0÷4=0
⑯ 20÷4=5 ⑰ 5÷1=5 ⑱ 24÷4=6
⑲ 18÷2=9 ⑳ 0÷1=0 ㉑ 35÷5=7
㉒ 12÷3=4 ㉓ 14÷2=7 ㉔ 4÷1=4
㉕ 15÷3=5 ㉖ 15÷5=3 ㉗ 16÷2=8
㉘ 2÷2=1 ㉙ 16÷4=4 ㉚ 21÷3=7
㉛ 9÷1=9 ㉜ 4÷4=1 ㉝ 30÷5=6
㉞ 0÷5=0 ㉟ 3÷1=1 ㊱ 40÷5=8
㊲ 7÷1=7 ㊳ 0÷3=0 ㊴ 10÷5=2
㊵ 27÷3=9 ㊶ 3÷1=3 ㊷ 10÷2=5
㊸ 32÷4=8 ㊹ 10÷5=2 ㊺ 6÷3=2
㊻ 6÷1=6 ㊼ 12÷4=3 ㊽ 20÷5=4
㊾ 1÷1=1 ㊿ 4÷2=2

P.21

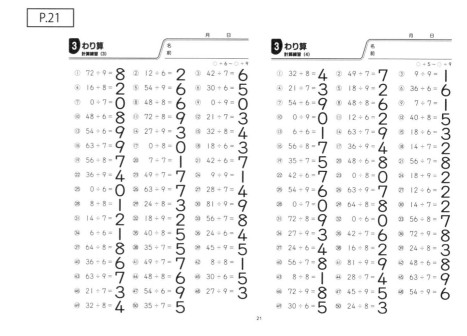

③ わり算 計算練習(3) （÷6～÷9）

① 72÷9=8 ② 12÷6=2 ③ 42÷7=6
④ 16÷8=2 ⑤ 54÷9=6 ⑥ 30÷6=5
⑦ 0÷7=0 ⑧ 48÷8=6 ⑨ 0÷9=0
⑩ 48÷6=8 ⑪ 72÷8=9 ⑫ 21÷7=3
⑬ 54÷6=9 ⑭ 27÷9=3 ⑮ 32÷8=4
⑯ 63÷7=9 ⑰ 0÷8=0 ⑱ 18÷6=3
⑲ 56÷8=7 ⑳ 7÷7=1 ㉑ 42÷6=7
㉒ 36÷9=4 ㉓ 49÷7=7 ㉔ 42÷7=6
㉕ 0÷6=0 ㉖ 63÷9=7 ㉗ 28÷7=4
㉘ 8÷8=1 ㉙ 24÷8=3 ㉚ 81÷9=9
㉛ 14÷7=2 ㉜ 18÷9=2 ㉝ 56÷7=8
㉞ 6÷6=1 ㉟ 40÷8=5 ㊱ 24÷6=4
㊲ 64÷8=8 ㊳ 35÷7=5 ㊴ 45÷9=5
㊵ 36÷6=6 ㊶ 49÷7=7 ㊷ 8÷8=1
㊸ 63÷9=7 ㊹ 48÷8=6 ㊺ 30÷6=5
㊻ 21÷7=3 ㊼ 54÷6=9 ㊽ 27÷9=3
㊾ 32÷8=4 ㊿ 35÷7=5

③ わり算 計算練習(4) （÷5～÷9）

① 32÷8=4 ② 49÷7=7 ③ 9÷9=1
④ 21÷7=3 ⑤ 18÷9=2 ⑥ 36÷6=6
⑦ 54÷6=9 ⑧ 48÷8=6 ⑨ 7÷7=1
⑩ 0÷9=0 ⑪ 12÷6=2 ⑫ 40÷8=5
⑬ 6÷6=1 ⑭ 63÷7=9 ⑮ 18÷6=3
⑯ 56÷8=7 ⑰ 36÷9=4 ⑱ 14÷7=2
⑲ 35÷7=5 ⑳ 42÷6=7 ㉑ 56÷7=8
㉒ 42÷6=7 ㉓ 0÷7=0 ㉔ 18÷6=3
㉕ 54÷9=6 ㉖ 63÷9=7 ㉗ 12÷6=2
㉘ 0÷7=0 ㉙ 64÷8=8 ㉚ 14÷7=2
㉛ 72÷9=8 ㉜ 0÷6=0 ㉝ 56÷8=7
㉞ 27÷9=3 ㉟ 42÷7=6 ㊱ 72÷9=8
㊲ 24÷6=4 ㊳ 16÷8=2 ㊴ 24÷8=3
㊵ 56÷7=8 ㊶ 81÷9=9 ㊷ 48÷6=8
㊸ 8÷8=1 ㊹ 28÷7=4 ㊺ 63÷7=9
㊻ 72÷8=9 ㊼ 45÷9=5 ㊽ 54÷9=6
㊾ 30÷5=6 ㊿ 24÷8=3

P.22

③ わり算 計算練習(5) （÷1～÷5）

① 45÷5=9 ② 49÷7=7 ③ 15÷3=5
④ 14÷2=7 ⑤ 6÷6=1 ⑥ 72÷9=8
⑦ 8÷1=8 ⑧ 28÷7=4 ⑨ 6÷3=2
⑩ 63÷7=9 ⑪ 24÷8=3 ⑫ 12÷4=3
⑬ 2÷2=1 ⑭ 48÷6=8 ⑮ 27÷3=9
⑯ 35÷5=7 ⑰ 7÷7=1 ⑱ 64÷8=8
⑲ 4÷1=4 ⑳ 24÷4=6 ㉑ 45÷9=5
㉒ 30÷6=5 ㉓ 0÷8=0 ㉔ 8÷2=4
㉕ 10÷5=2 ㉖ 54÷9=6 ㉗ 3÷1=3
㉘ 0÷4=0 ㉙ 6÷1=6 ㉚ 16÷8=2
㉛ 0÷9=0 ㉜ 18÷2=9 ㉝ 36÷6=6
㉞ 20÷5=4 ㉟ 32÷4=8 ㊱ 0÷3=0
㊲ 56÷8=7 ㊳ 10÷2=5 ㊴ 21÷7=3
㊵ 8÷4=2 ㊶ 9÷9=1 ㊷ 0÷1=0
㊸ 3÷1=3 ㊹ 24÷6=4 ㊺ 0÷5=0
㊻ 9÷3=3 ㊼ 4÷2=2 ㊽ 42÷6=7
㊾ 30÷5=6 ㊿ 72÷8=9

③ わり算 計算練習(6)

① 56÷7=8 ② 36÷4=9 ③ 0÷9=0
④ 36÷9=4 ⑤ 5÷5=1 ⑥ 12÷3=4
⑦ 81÷9=9 ⑧ 18÷6=3 ⑨ 16÷2=8
⑩ 40÷8=5 ⑪ 9÷1=9 ⑫ 0÷7=0
⑬ 18÷3=6 ⑭ 25÷5=5 ⑮ 48÷8=6
⑯ 2÷1=2 ⑰ 16÷4=4 ⑱ 54÷6=9
⑲ 6÷2=3 ⑳ 42÷7=6 ㉑ 40÷8=... 8
㉒ 4÷4=1 ㉓ 7÷1=7 ㉔ 18÷6=... 2
㉕ 0÷6=0 ㉖ 24÷3=8 ㉗ 35÷7=5
㉘ 63÷7=9 ㉙ 12÷6=2 ㉚ 21÷3=7
㉛ 1÷1=1 ㉜ 32÷8=4 ㉝ 15÷5=3
㉞ 8÷1=8 ㉟ 28÷4=7 ㊱ 5÷5=1
㊲ 20÷4=5 ㊳ 12÷6=2 ㊴ 27÷9=3
㊵ 14÷7=2 ㊶ 36÷6=6 ㊷ 3÷3=1
㊸ 63÷9=7 ㊹ 18÷2=9 ㊺ 12÷4=3
㊾ 30÷5=6 ㊿ 24÷6=4

P.23

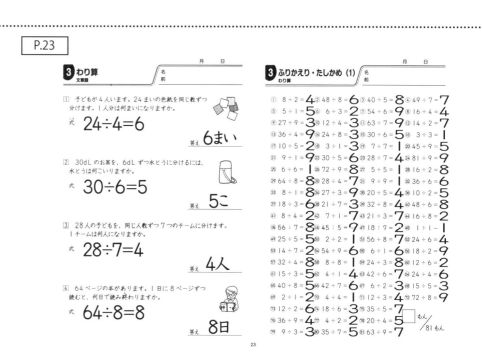

③ わり算 文章題

1] 子どもが4人います。24まいの色紙を同じ数ずつ分けます。1人分は何まいになりますか。
式 24÷4=6
答え 6まい

2] 30dLのお茶を、6dLずつ水とうに分けるには、水とうは何こいりますか。
式 30÷6=5
答え 5こ

3] 28人の子どもを、同じ人数ずつ7つのチームに分けます。1チームは何人になりますか。
式 28÷7=4
答え 4人

4] 64ページの本があります。1日に8ページずつ読むと、何日で読み終わりますか。
式 64÷8=8
答え 8日

③ ふりかえり・たしかめ(1) わり算

① 8÷2=4 ② 48÷6=8 ③ 40÷5=8 ④ 49÷7=7
⑤ 5÷1=5 ⑥ 6÷3=2 ⑦ 54÷6=9 ⑧ 16÷4=4
⑨ 27÷9=3 ⑩ 12÷4=3 ⑪ 63÷9=7 ⑫ 14÷2=7
⑬ 10÷5=2 ⑭ 3÷1=3 ⑮ 30÷6=5 ⑯ 45÷9=5
⑰ 9÷1=9 ⑱ 30÷5=6 ⑲ 28÷7=4 ⑳ 81÷9=9
㉑ 6÷6=1 ㉒ 72÷9=8 ㉓ 5÷5=1 ㉔ 16÷2=8
㉕ 64÷8=8 ㉖ 28÷4=7 ㉗ 9÷1=1 ㉘ 36÷6=6
㉙ 8÷1=8 ㉚ 27÷3=9 ㉛ 20÷5=4 ㉜ 10÷2=5
㉝ 8÷4=2 ㉞ 7÷1=7 ㉟ 21÷3=7 ㊱ 8÷8=2
㊸ 56÷7=8 ㊹ 45÷5=7 ㊺ 18÷2=9 ㊻ 1÷1=1
㊽ 25÷5=5 ㊾ 2÷2=1 ㊿ 56÷8=7 24÷6=4
 14÷7=2 54÷9=6 6÷1=6 18÷2=9
 32÷4=8 8÷8=1 24÷3=8 12÷6=2
 40÷8=5 42÷7=6 24÷3=8 15÷3=5
 2÷1=2 4÷4=1 12÷3=4 72÷8=9
 12÷6=2 18÷6=3 35÷5=7
 36÷9=4 4÷2=2 20÷4=5 □ もん／81もん
 9÷3=3 35÷7=5 63÷9=7

P.24

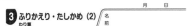

❸ ふりかえり・たしかめ (2) わり算

① 27dL のジュースを，3dL ずつコップに分けると，コップは何こいりますか。

式 $27 \div 3 = 9$

答え **9こ**

② 42 ひきの金魚を，同じ数ずつ6つの水そうに分けて入れます。1つの水そうに，何びきずつになりますか。

式 $42 \div 6 = 7$

答え **7ひき**

③ クッキーを 4 まいずつふくろに入れます。クッキーは 32 まいあります。クッキーのふくろはいくつできますか。

式 $32 \div 4 = 8$

答え **8つ(ふくろ)**

④ 答えをもとめる式が，12÷3になる問題2つに○をつけましょう。

⑦ （**○**）チューリップが12本あります。3本ずつたばにして，花のたばを作ります。花たばはいくつできますか。

⑦ （　）12まいのおさらに，いちごを 3こずつ入れます。いちごは何こいりますか。

⑦ （　）リボンが12cmあります。3cm使うと，のこりは何cmですか。

⑦ （**○**）お茶が12dLあります。3つのコップに同じかさずつ分けて入れると，1つのコップは何dLになりますか。

❸ チャレンジ わり算

● ゼリー 12 こ とあめ 16 こを，次のようなルールでふくろに入れます。

＜ルール＞
・1つのふくろにゼリーとあめの両方を入れる。
・それぞれのふくろのゼリーの数は同じ。
・それぞれのふくろのあめの数は同じ。

① ゼリー 12 こを，同じ数ずついくつかのふくろに分けて入れるには，どのような分け方があるか，表にまとめましょう。わり算で答えをもとめて，われないときは，「―」と書きましょう。

ふくろの数(ふくろ)	1	2	3	4	5	6	7	8
1ふくろのゼリーの数(こ)	12	6	**4**	**3**	―	**2**	―	―

② あめ 16 こを，同じ数ずついくつかのふくろに分けて入れるには，どのような分け方があるか，表にまとめましょう。わり算で答えをもとめて，われないときは，「―」と書きましょう。

ふくろの数(ふくろ)	1	2	3	4	5	6	7	8
1ふくろのあめの数(こ)	16	**8**	―	**4**	―	―	―	**2**

③ ゼリーとあめを，同じふくろの数で，どちらもあまりが出ないように分けられるのは，ふくろの数がいくつのときですか。また，そのふくろの数のとき，1つのふくろに入っているゼリーとあめの数は，それぞれ何こですか。

（ **1** ）ふくろのとき，ゼリー（ **12** ）こ，あめ（ **16** ）こ

（ **2** ）ふくろのとき，ゼリー（ **6** ）こ，あめ（ **8** ）こ

（ **4** ）ふくろのとき，ゼリー（ **3** ）こ，あめ（ **4** ）こ

24

P.25

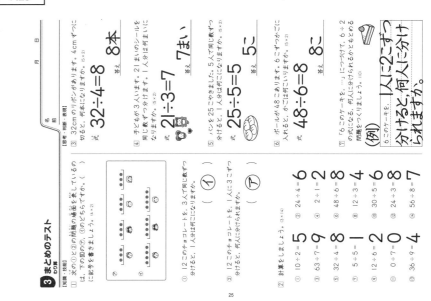

[思考・判断・表現]

③ 32cmのリボンがあります。4cmずつに切ると，何本になりますか。(5×2)

式 $32 \div 4 = 8$

答え **8本**

④ 子どもが3人います。21 まいのシールを同じ数ずつ分けます。1人分は何まいになりますか。(5×2)

式 $21 \div 3 = 7$

答え **7まい**

⑤ パンを25こやきました。5人で同じ数ずつ分けて食べます。1人分は何こになりますか。(5×2)

式 $25 \div 5 = 5$

答え **5こ**

⑥ ボールが48こあります。6こずつかごに入れると，かごは何こいりますか。(5×2)

式 $48 \div 6 = 8$

答え **8こ**

⑦ 「6このケーキを…」につづけて，6÷2の式になる，わり算の問題をつくりましょう。(10)

（例）6このケーキを2つに分けると，1人に2こずつ分けられますか。

❸ まとめのテスト [知識・技能]

① 次の図で，①②の計算の場面を表しているのは，上下どちらですか。（上下どちらかを書きましょう。）(4×2)

① 12このチョコレートを，5人で同じ数ずつ分けると，1人分は何こになりますか。（ **上** ）

② 12このチョコレートを，6こずつ分けると，何人に分けられますか。（ **下** ）

② 計算しましょう。(3×14)

① $10 \div 2 = 5$ ② $24 \div 4 = 6$
③ $63 \div 7 = 9$ ④ $2 \div 1 = 2$
⑤ $32 \div 4 = 8$ ⑥ $48 \div 6 = 8$
⑦ $5 \div 5 = 1$ ⑧ $12 \div 3 = 4$
⑨ $12 \div 6 = 2$ ⑩ $30 \div 5 = 6$
⑪ $0 \div 7 = 0$ ⑫ $24 \div 3 = 8$
⑬ $36 \div 9 = 4$ ⑭ $56 \div 8 = 7$

25

P.26

❹ たし算とひき算の筆算 3けたの数のたし算 (1)

① 412 円のケーキと，156 円のシュークリームを買います。代金はいくらですか。

式 $412 + 156 = 568$

答え **568円**

筆算
```
  4 1 2
+ 1 5 6
─────
  5 6 8
```
位をそろえて書き，一の位からじゅんに位ごとに計算しよう。

② 筆算でしましょう。

① 726 + 253 = **979**
② 236 + 122 = **358**
③ 407 + 291 = **698**
④ 514 + 352 = **866**

⑤ 346 + 213 = **559**
⑥ 512 + 284 = **796**
⑦ 341 + 415 = **756**
⑧ 446 + 511 = **957**

③ 右の筆算で，7は，どんな数が7こあることを表していますか。

（ **100** ）
```
  5 1 2
+ 2 3 6
─────
  7 4 8
```

❹ たし算とひき算の筆算 3けたの数のたし算 (2)

くり上がり1回

① 628 + 269 = **897**
② 412 + 138 = **550**
③ 472 + 85 = **557**
④ 335 + 74 = **409**

⑤ 509 + 364 = **873**
⑥ 166 + 751 = **917**
⑦ 41 + 680 = **721**
⑧ 737 + 145 = **882**

⑨ 453 + 164 = **617**
⑩ 562 + 429 = **991**
⑪ 753 + 184 = **937**
⑫ 618 + 134 = **752**

⑬ 365 + 227 = **592**
⑭ 238 + 246 = **484**
⑮ 56 + 391 = **447**
⑯ 672 + 266 = **938**

26

P.27

❹ たし算とひき算の筆算 3けたの数のたし算 (3)

くり上がり2回

① 筆算でしましょう。

① 369 + 51 = **420**
② 607 + 195 = **802**
③ 453 + 99 = **552**
④ 35 + 777 = **812**

⑤ 28 + 692 = **720**
⑥ 648 + 184 = **832**
⑦ 198 + 398 = **596**
⑧ 783 + 158 = **941**

⑨ 597 + 223 = **820**
⑩ 488 + 358 = **846**
⑪ 727 + 196 = **923**
⑫ 864 + 77 = **941**

② □に数字を入れ，正しい筆算をつくりましょう。

①
```
  4 6 8
+ 2 8 5
─────
  7 5 3
```

②
```
  3 5 5
+ 4 9 5
─────
  8 5 0
```
2けたの筆算と同じやり方でできるね。

❹ たし算とひき算の筆算 4けたになるたし算

① 筆算でしましょう。

① 916 + 84 = **1000**
② 533 + 823 = **1356**
③ 296 + 939 = **1235**
④ 509 + 497 = **1006**

⑤ 789 + 543 = **1332**
⑥ 868 + 404 = **1272**
⑦ 524 + 486 = **1010**
⑧ 657 + 684 = **1341**

⑨ 351 + 966 = **1317**
⑩ 899 + 673 = **1572**
⑪ 572 + 588 = **1160**
⑫ 467 + 785 = **1252**

② □に数字を入れ，正しい筆算をつくりましょう。

①
```
  7 2 8
+ 5 9 4
─────
1 3 2 2
```

②
```
  8 2 7
+ 2 9 6
─────
1 1 2 3
```

27

P.28

4 たし算とひき算の筆算 3けたの数のたし算 (5)　名前　　いろいろな型

① 758 + 112　② 369 + 358　③ 857 + 638　④ 723 + 154
870　727　1495　877

⑤ 637 + 238　⑥ 446 + 428　⑦ 539 + 185　⑧ 598 + 954
875　874　724　1552

⑨ 772 + 158　⑩ 634 + 299　⑪ 295 + 562　⑫ 963 + 79
930　933　857　1042

⑬ 372 + 354　⑭ 284 + 377　⑮ 345 + 413　⑯ 678 + 191
726　661　758　869

4 たし算とひき算の筆算 3けたの数のたし算 (6)　名前　　いろいろな型

① 748 + 196　② 987 + 467　③ 528 + 335　④ 494 + 355
944　1454　863　849

⑤ 365 + 396　⑥ 472 + 315　⑦ 243 + 263　⑧ 869 + 558
761　787　506　1427

⑨ 474 + 177　⑩ 248 + 428　⑪ 687 + 264　⑫ 634 + 254
651　676　951　888

⑬ 316 + 559　⑭ 792 + 889　⑮ 547 + 182　⑯ 162 + 158
875　1681　729　320

P.29

4 たし算とひき算の筆算 3けたの数のたし算 (7)　名前　　いろいろな型

① 683 + 155　② 545 + 242　③ 469 + 459　④ 657 + 124
838　787　928　781

⑤ 495 + 867　⑥ 283 + 327　⑦ 595 + 668　⑧ 728 + 229
1362　610　1263　957

⑨ 527 + 398　⑩ 552 + 256　⑪ 334 + 365　⑫ 764 + 182
925　808　699　946

⑬ 38 + 185　⑭ 973 + 838　⑮ 822 + 99　⑯ 412 + 179
223　1811　921　591

4 たし算とひき算の筆算 3けたの数のたし算 (8)　名前　　いろいろな型

① 423 + 461　② 368 + 314　③ 728 + 191　④ 204 + 396
884　682　919　600

⑤ 867 + 593　⑥ 468 + 57　⑦ 519 + 147　⑧ 37 + 684
1460　525　666　721

⑨ 984 + 99　⑩ 338 + 181　⑪ 483 + 272　⑫ 542 + 788
1083　519　755　1330

⑬ 262 + 317　⑭ 573 + 297　⑮ 294 + 278　⑯ 629 + 269
579　870　572　898

P.30

4 たし算とひき算の筆算 3けたの数のたし算 (9)　名前

1 バニラクッキーを 267 こ，ココアクッキーを 154 こやきました。クッキーを全部で何こやきましたか。
式 267+154=421
答え 421に

2 きのう，わかざりを 189 こ作りました。今日は，きのうより 133 こ多く作りました。今日は，わかざりを何こ作りましたか。
式 189+133=322
答え 322こ

3 なつきさんは，742 円持っています。お母さんから 465 円もらいました。なつきさんが持っているお金は全部でいくらになりましたか。
式 742+465=1207
答え 1207円

4 図書館のきのうの入場者数は，午前が 348 人，午後が 562 人でした。図書館のきのう1日の入場者数は何人ですか。
式 348+562=910
答え 910人

4 たし算とひき算の筆算 3けたの数のひき算 (1)　名前　　くり下がりなし

1 あかねさんは 496 円持っています。142 円のノートを買うと，何円のこりますか。
式 496-142=354
答え 354円

位をそろえて書き，一の位からじゅんに位ごとに計算しよう。
```
  4 9 6
－ 1 4 2
  3 5 4
```

2 筆算でしましょう。

① 896 − 322　② 566 − 232　③ 952 − 211　④ 315 − 103
574　334　741　212

⑤ 765 − 421　⑥ 853 − 632　⑦ 578 − 154　⑧ 698 − 568
344　221　424　130

⑨ 489 − 175　⑩ 963 − 520　⑪ 875 − 464　⑫ 756 − 123
314　443　411　633

P.31

4 たし算とひき算の筆算 3けたの数のひき算 (2)　名前　　くり下がり1回

① 625 − 331　② 782 − 455　③ 616 − 185　④ 247 − 52
294　327　431　195

⑤ 840 − 836　⑥ 310 − 8　⑦ 460 − 155　⑧ 518 − 192
4　302　305　326

⑨ 425 − 162　⑩ 627 − 19　⑪ 826 − 353　⑫ 915 − 8
263　608　473　907

⑬ 768 − 249　⑭ 662 − 514　⑮ 708 − 26　⑯ 857 − 675
519　148　682　182

4 たし算とひき算の筆算 3けたの数のひき算 (3)　名前　　くり下がり2回

1 筆算でしましょう。

① 524 − 269　② 355 − 59　③ 721 − 438　④ 462 − 74
255　296　283　388

⑤ 618 − 239　⑥ 425 − 88　⑦ 410 − 274　⑧ 346 − 178
379　337　136　168

⑨ 872 − 185　⑩ 713 − 358　⑪ 227 − 138　⑫ 534 − 476
687　555　89　38

2 □に数字を入れ，正しい筆算をつくりましょう。
①
```
  3 2 1
－ 1 3 7
  1 8 4
```
②
```
  5 3 4
－ 4 4 6
    8 8
```

P.32

4 たし算とひき算の筆算
3けたの数のひき算 (4)　　名前
十の位が0

① 304 − 167 を筆算でしましょう。

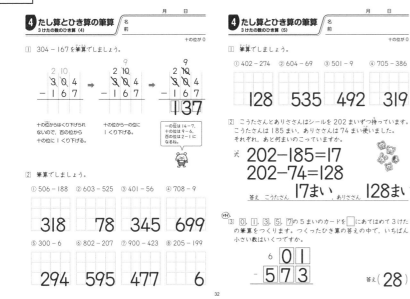

十の位からはくり下げられ
ないので，百の位から
十の位に1くり下げる。

十の位から一の位に
1くり下げる。

一の位は14−7，
十の位は9−6，
百の位は2−1に
なるね。

② 筆算でしましょう。

① 506 − 188　② 603 − 525　③ 401 − 56　④ 708 − 9

318　78　345　699

⑤ 300 − 6　⑥ 802 − 207　⑦ 900 − 423　⑧ 205 − 199

294　595　477　6

4 たし算とひき算の筆算
3けたの数のひき算 (5)　　名前
十の位が0

① 筆算でしましょう。

① 402 − 274　② 604 − 69　③ 501 − 9　④ 705 − 386

128　535　492　319

② こうたさんとありささんはシールを202まいずつ持っています。
こうたさんは185まい，ありささんは74まい使いました。
それぞれ，あと何まいのこっていますか。

式　202−185=17
　　202−74=128

答え　こうたさん　17まい，　ありささん　128まい

③ ⓪，①，③，⑤，⑦の5まいのカードを□にあてはめて3けた
の筆算をつくります。つくったひき算の答えの中で，いちばん
小さい数はいくつですか。

6 0 1
− 5 7 3

答え（28）

32

P.33

4 たし算とひき算の筆算
3けたの数のひき算 (6)　　名前
いろいろな型

① 752 − 123　② 623 − 146　③ 482 − 291　④ 873 − 452

629　477　191　421

⑤ 462 − 346　⑥ 620 − 14　⑦ 312 − 188　⑧ 591 − 134

116　606　124　457

⑨ 377 − 184　⑩ 601 − 335　⑪ 923 − 547　⑫ 308 − 35

193　266　376　273

⑬ 711 − 363　⑭ 695 − 133　⑮ 306 − 168　⑯ 625 − 274

348　562　138　351

4 たし算とひき算の筆算
3けたの数のひき算 (7)　　名前
いろいろな型

① 964 − 152　② 522 − 253　③ 628 − 254　④ 428 − 55

812　269　374　373

⑤ 781 − 426　⑥ 211 − 88　⑦ 390 − 137　⑧ 717 − 365

355　123　253　352

⑨ 334 − 37　⑩ 540 − 155　⑪ 643 − 322　⑫ 902 − 855

297　385　321　47

⑬ 835 − 662　⑭ 472 − 119　⑮ 305 − 148　⑯ 622 − 343

173　353　157　279

33

P.34

4 たし算とひき算の筆算
3けたの数のひき算 (8)　　名前
いろいろな型

① 865 − 251　② 348 − 173　③ 320 − 4　④ 522 − 176

614　175　316　346

⑤ 603 − 164　⑥ 784 − 157　⑦ 927 − 464　⑧ 715 − 427

439　627　463　288

⑨ 492 − 244　⑩ 448 − 92　⑪ 628 − 479　⑫ 804 − 478

248　356　149　326

⑬ 652 − 541　⑭ 474 − 288　⑮ 815 − 342　⑯ 581 − 125

111　186　473　456

4 たし算とひき算の筆算
3けたの数のひき算 (9)　　名前
いろいろな型

① 314 − 43　② 905 − 118　③ 526 − 184　④ 613 − 267

271　787　342　346

⑤ 348 − 126　⑥ 692 − 128　⑦ 418 − 256　⑧ 400 − 391

222　564　162　9

⑨ 894 − 521　⑩ 923 − 82　⑪ 527 − 169　⑫ 842 − 566

373　841　358　276

⑬ 963 − 419　⑭ 756 − 496　⑮ 786 − 358　⑯ 433 − 268

544　260　428　165

34

P.35

4 たし算とひき算の筆算
3けたの数のひき算 (10)　　名前

① 水とうにお茶が250mL入っています。125mL飲みました。
のこりは何 mL ですか。

式　250−125=125

答え　125mL

② ケーキは542円，プリンは265円です。どちらが何円高いですか。

式　542−265=277

答え　ケーキが277円高い。

③ 赤い花と白い花があわせて406本さいています。そのうち，
赤い花は237本です。白い花は何本さいていますか。

式　406−237=169

答え　169本

④ 科学館の今日の入場者数は，きのうより67人多く，473人でした。
きのうの入場者数は何人ですか。

式　473−67=406

答え　406人

4 たし算とひき算の筆算
千からのひき算　　名前

① 653 円の本を買うために，レジに1000 円さつを出しました。
おつりはいくらですか。

式　1000−653=347

1 0 0 0
− 6 5 3
3 4 7

答え　347円

② 筆算でしましょう。

① 1000 − 262　② 1000 − 47　③ 1000 − 596　④ 1000 − 83

738　953　404　917

⑤ 1000 − 371　⑥ 1000 − 724　⑦ 1000 − 425　⑧ 1000 − 29

629　276　575　971

③ 答えが1000になる式を，2つつくりましょう。

略　□ + □ = 1000
　　□ + □ = 1000

35

解答

児童に実施させる前に，必ず指導される方が問題を解いてください。本書の解答は，あくまでも1つの例です。指導される方の作られた解答をもとに，本書の解答例を参考に児童の多様な考えに寄り添って○つけをお願いします。

P.36

4 たし算とひき算の筆算
大きい数の筆算 (1)

① 3567 + 4851　**8418**
② 5486 + 84　**5570**
③ 6839 + 676　**7515**
④ 358 + 9375　**9733**
⑤ 2374 + 3626　**6000**
⑥ 7293 + 1982　**9275**
⑦ 4923 + 4896　**9819**
⑧ 8167 + 1649　**9816**
⑨ 4285 + 2697　**6982**
⑩ 5925 + 3865　**9790**

数が大きくても，これまでと同じように一の位からじゅんに計算しよう。

4 たし算とひき算の筆算
大きい数の筆算 (2)

① 4657 - 2375　**2282**
② 8026 - 3958　**4068**
③ 3182 - 826　**2356**
④ 6027 - 58　**5969**
⑤ 5213 - 1635　**3578**
⑥ 7032 - 4953　**2079**
⑦ 9531 - 4670　**4861**
⑧ 8675 - 928　**7747**
⑨ 7242 - 5671　**1571**
⑩ 5492 - 1878　**3614**

ひけないときは，上の位から1くり下げてこう。

P.37

4 たし算とひき算の筆算
大きい数の筆算 (3)

① ⓪から⑨までの10まいのカードのうち，8まいを使って，次の答えになるたし算の式をつくりましょう。

0 1 2 3 4 5 6 7 8 9

① 8000　(例)
```
  5807
+ 2193
  8000
```

② 4000　(例)
```
  2403
+ 1597
  4000
```

③ 7000　(例)
```
  5608
+ 1392
  7000
```
筆算で考えるといいね。

② 2432円の国語じてんを買います。レジで5000円さつを出すと，おつりはいくらですか。

式 **5000－2432＝2568**

答え **2568円**

4 ふりかえり・たしかめ (1)
たし算とひき算の筆算

① 筆算でしましょう。

① 263 + 524　**787**
② 667 + 153　**820**
③ 492 + 321　**813**
④ 708 + 854　**1562**
⑤ 630 - 623　**7**
⑥ 308 - 169　**139**
⑦ 874 - 352　**522**
⑧ 542 - 188　**354**

② 水族館の土曜日の入場者数は，412人で，金曜日より128人多いです。金曜日の入場者数は何人ですか。

式 **412－128＝284**

答え **284人**

③ メロンパンは236円，あんパンは157円です。

① メロンパンとあんパンを1こずつ買うと，代金は何円になりますか。

式 **236＋157＝393**

答え **393円**

② どちらが何円高いですか。

式 **236－157＝79**

答え **メロンパンが79円高い。**

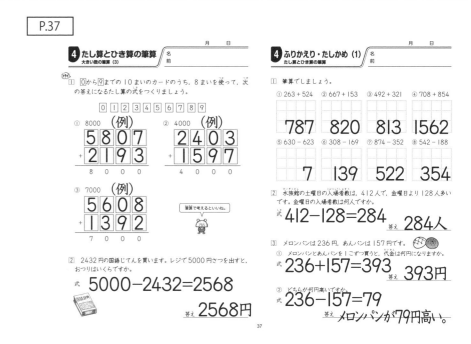

P.38

4 ふりかえり・たしかめ (2)
たし算とひき算の筆算

① 筆算でしましょう。

① 6748 + 1754　**8502**
② 1656 + 2588　**4244**
③ 7504 + 567　**8071**
④ 7367 + 2198　**9565**
⑤ 1000 - 344　**656**
⑥ 1000 - 66　**934**
⑦ 3423 - 1684　**1739**
⑧ 8202 - 5678　**2524**

② 次の筆算はまちがっています。（ ）に正しい答えを書きましょう。

①
```
  378
+ 625
  993
```
（**1003**）

②
```
  2685
+ 231
  4995
```
（**2916**）

③
```
  963
- 434
  429
```
（**529**）

④
```
  1000
-  382
   728
```
（**618**）

4 チャレンジ
たし算とひき算の筆算

● ひき算の筆算の問題をつくり，答えをくらべてみましょう。

＜問題のつくり方＞ （れい）
1，2，3，4，5，6，7，8，9の中から，れんぞくした4つの数字をえらぶ。（5，6，7，8）
えらんだ4つの数字を左から大きいじゅんにならべて，4けたの数をつくる。（8765）
えらんだ4つの数字を左から小さいじゅんにならべて，4けたの数をつくる。（5678）
大きいじゅんにならべた数から，小さいじゅんにならべた数をひく。
```
  8765
- 5678
  3087
```

① 上のつくり方で，問題を2つつくり，答えをもとめましょう。

(例)
（6543）-（3456）=（3087）
（4321）-（1234）=（3087）

② 4つの数字を3つの数字にして，問題を2つつくり，答えをもとめましょう。

(例)
（987）-（789）=（198）
（765）-（567）=（198）

③ 4つの数字を2つの数字にして，問題を2つつくり，答えをもとめましょう。

（65）-（56）=（ 9 ）
(例)
（43）-（34）=（ 9 ）

④ あてはまる方を○でかこみましょう。
①，②，③でそれぞれつくった問題の答えは，2つとも（同じ・ちがっている）。

P.39

4 まとめのテスト
たし算とひき算の筆算

③ 遊園地の今日の入場者数は，より78人多く，325人でした。おとなの入場者数は何人ですか。

式 **325－78＝247**

答え **247人**

④ 下のようなくだものが売られています。

① バナナとパイナップルを買うと，あわせていくらになりますか。

式 **138＋846＝984**

答え **984円**

② ぶどうとパイナップルでは，どちらが何円高いですか。

式 **980－846＝134**

答え **ぶどうが134円高い。**

⑤ すいかを買うために，レジで5000円さつを出すと，おつりはいくらですか。

式 **5000－3240＝1760**

答え **1760円**

⑤ おりがみのたばが147こありました。お姉さんから53こもらいましたが，あやがおりがみをつかいました。全部で何こになりましたか。

式 **147＋53＝200**

答え **200こ**

① 筆算でしましょう。

① 424 + 265　**689**
② 765 + 12e　**891**
③ 398 + 437　**835**
④ 859 + 563　**1422**
⑤ 6357 + 2873　**9230**
⑥ 546 - 135　**411**
⑦ 607 - 24e　**358**
⑧ 952 - 367　**585**
⑨ 1000 - 674　**326**
⑩ 5276 - 1892　**3384**

② 次の筆算はまちがっています。（ ）に正しい答えを書きましょう。

①
```
  302
- 154
  158
```
（**148**）

②
```
  273
- 253
  426
```
（**526**）

P.40

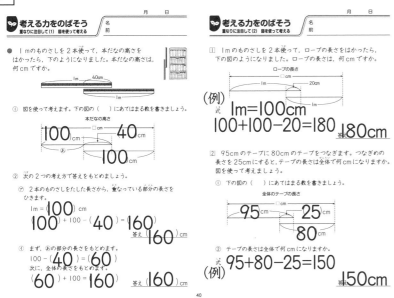

考える力をのばそう 重なりに注目して(1) 図を使って考える

● 1mのものさしを2本使って，本だなの高さをはかったら，下のようになりました。本だなの高さは，何cmですか。

① 図を使って考えます。下の（　）にあてはまる数を書きましょう。

本だなの高さ
100cm　40cm
あ　100

② 次の2つの考え方で答えをもとめましょう。

⑦ 2本のものさしをたした長さから，重なっている部分の長さをひきます。

1m = (100)cm
(100) + 100 - (40) = (160)
答え (160) cm

⑦ まず，あの部分の長さをもとめます。
100 - (40) = (60)
次に，全体の長さをもとめます。
(60) + 100 (160)
答え (160) cm

考える力をのばそう 重なりに注目して(2) 図を使って考える

① 1mのものさしを2本使って，ロープの長さをはかったら，下の図のようになりました。ロープの長さは，何cmですか。

ロープの長さ
1m　20cm
1m

(例) 式
1m=100cm
100+100-20=180　180cm

② 95cmのテープに80cmのテープをつなぎます。つなぎめの長さを25cmにすると，テープの長さは全体で何cmになりますか。図を使って考えましょう。

① 下の図の（　）にあてはまる数を書きましょう。

全体のテープの長さ
95cm　25cm
80

② テープの長さは全体で何cmになりますか。
式
95+80-25=150
答え
(例) 150cm

P.41

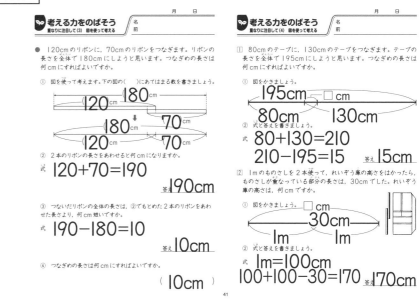

考える力をのばそう 重なりに注目して(3) 図を使って考える

● 120cmのリボンに，70cmのリボンをつなぎます。リボンの長さを全体で180cmにしようと思います。つなぎめの長さは何cmにすればよいですか。

① 図を使って考えます。下の図の（　）にあてはまる数を書きましょう。

120cm　180cm
180cm　70
120cm　70cm

② 2本のリボンの長さをあわせると何cmになりますか。
式
120+70=190
答え 190cm

③ つないだリボンの全体の長さは，②でもとめた2本のリボンをあわせた長さより，何cm短いですか。
式
190-180=10
答え 10cm

④ つなぎめの長さは何cmにすればよいですか。
（ 10cm ）

考える力をのばそう 重なりに注目して(4) 図を使って考える

① 80cmのテープに，130cmのテープをつなぎます。テープの長さを全体で195cmにしようと思います。つなぎめの長さは何cmにすればよいですか。

① 図をかきましょう。

195cm　□cm
80cm　130cm

② 式と答えを書きましょう。
式
80+130=210
210-195=15
答え 15cm

② 1mのものさしを2本使って，れいぞう庫の高さをはかったら，ものさしが重なっている部分の長さは，30cmでした。れいぞう庫の高さは，何cmですか。

① 図をかきましょう。□cm
30cm
1m　1m

② 式と答えを書きましょう。
式
1m=100cm
100+100-30=170　答え 170cm

P.42

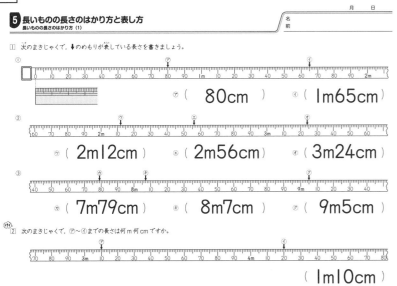

⑤ 長いものの長さのはかり方と表し方 長いものの長さのはかり方 (1)

① 次のまきじゃくで，↓のめもりが表している長さを書きましょう。

⑦（ 80cm ）　④（ 1m65cm ）
⑦（ 2m12cm ）　⑤（ 2m56cm ）　⑦（ 3m24cm ）
⑦（ 7m79cm ）　⑦（ 8m7cm ）　⑦（ 9m5cm ）

② 次のまきじゃくで，⑦～④までの長さは何m何cmですか。
（ 1m10cm ）

P.43

⑤ 長いものの長さのはかり方と表し方 長いものの長さのはかり方 (2)

① 次のまきじゃくで，⑦～⑦の長さを表すめもりに，↓をかきましょう。

① ⑦3m40cm　④3m85cm　⑦4m20cm
（ア）（イ）（ウ）

② ⑤10m55cm　⑦10m90cm　⑦11m15cm
（エ）（オ）（カ）

② 次の長さをはかります。下の　　の⑦～④のどれを使えばよいですか。（　）に記号を書きましょう。

① 木のまわりの長さ　（ウ）
② 教科書の横の長さ　（ア）
③ プールのたての長さ　（エ）
④ 教室のつくえの横の長さ　（イ）
⑤ 黒板の横の長さ　（ウ）

⑦ 30cmのものさし　④ 1mのものさし
⑦ 10mのまきじゃく　④ 50mのまきじゃく

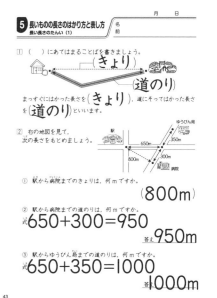

⑤ 長いものの長さのはかり方と表し方 長い長さのたんい (1)

① （　）にあてはまることばを書きましょう。

（きょり）
（道のり）

まっすぐにはかった長さを（きょり），道にそってはかった長さを（道のり）といいます。

② 右の地図を見て，次の長さをもとめましょう。

① 駅から病院までのきょりは，何mですか。
（ 800m ）

② 駅から病院までの道のりは，何mですか。
650+300=950
答え 950m

③ 駅からゆうびん局までの道のりは，何mですか。
式
650+350=1000
答え 1000m

P.44

⑤ 長いものの長さのはかり方と表し方
長い長さのたんい (2)

① （　）にあてはまることばや数を書きましょう。

1000mを1キロメートルといい，1（ **km** ）と書きます。
kmのたんいは，長い道のりなどを表すときに使います。
1km＝（ **1000** ）mです。

② kmを書く練習をします。1kmから5kmまで書きましょう。

1km 2km 3km 4km 5km

③ 1しゅう1kmの池のまわりを5しゅう走ると，何km走ることになりますか。

（ **5km** ）

④ （　）に数を書きましょう。
① 2km＝（ **2000** ）m　　② 5km＝（ **5000** ）m
③ 4km600m＝（ **4600** ）m　④ 2km40m＝（ **2040** ）m
⑤ 1km3m＝（ **1003** ）m
⑥ 1300m＝（ **1** ）km（ **300** ）m
⑦ 1020m＝（ **1** ）km（ **20** ）m
⑧ 5007m＝（ **5** ）km（ **7** ）m

⑤ （　）にあてはまる，長さのたんいを書きましょう。
① 東京スカイツリーの高さ634（ **m** ）　② くつのサイズ…21（ **cm** ）
③ 教科書のあつさ…6（ **mm** ）　④ 遠足で歩く道のり…4（ **km** ）

⑤ 長いものの長さのはかり方と表し方
長い長さのたんい (3)

● 下の地図を見て答えましょう。

① 家からスーパーマーケットまでのきょりは，何mですか。

（ **960m** ）

② 家からスーパーマーケットまでの道のりは，何m何mですか。

式　**450＋600＝1050**

答え（ **1050** ）m，（ **1** ）km（ **50** ）m

③ ケーキ屋から図書館までの道のりは，何mですか。
また，何km何mですか。

式　**600＋530＝1130**

答え（ **1130** ）m，（ **1** ）km（ **130** ）m

P.45

⑤ ふりかえり・たしかめ (1)
長いものの長さのはかり方と表し方

① 次のまきじゃくで，↓のめもりが表している長さを書きましょう。

4m25cm　4m99cm　5m6cm

② （　）にあてはまる数を書きましょう。
① 1km＝（ **1000** ）m
② 8km＝（ **8000** ）m
③ 5km200m＝（ **5200** ）m
④ 1km30m＝（ **1030** ）m
⑤ 4km8m＝（ **4008** ）m
⑥ 1265m＝（ **1** ）km（ **265** ）m
⑦ 3020m＝（ **3** ）km（ **20** ）m
⑧ 1004m＝（ **1** ）km（ **4** ）m

③ （　）にあてはまる，長さのたんいを書きましょう。
① はがきの横の長さ………10（ **cm** ）
② プールの横の長さ………15（ **m** ）
③ マラソンコースの道のり…4（ **km** ）
④ えんぴつの長さ…………15（ **cm** ）
⑤ ノートのあつさ…………4（ **mm** ）

⑤ ふりかえり・たしかめ (2)
長いものの長さのはかり方と表し方

● 右の地図を見て答えましょう。

① たいきさんの家からゆいさんの家までのきょりは，何ですか。

（ **1080m** ）

② たいきさんの家からバスていの前を通ってゆいさんの家へ行くときの道のりは，何mですか。また，何km何mですか。

式　**600＋580＝1180**

答え（ **1180** ）m，（ **1** ）km（ **180** ）m

③ たいきさんの家からポストの前を通ってゆいさんの家へ行くときの道のりは，何mですか。また，何km何mですか。

式　**610＋700＝1310**

答え（ **1310** ）m，（ **1** ）km（ **310** ）m

④ たいきさんの家からゆいさんの家へ行くとき，ポストの前を通る道のりの方が，バスていの前を通る道のりより，何m長いですか。

式　**1310－1180＝130**

答え**130m**

P.46

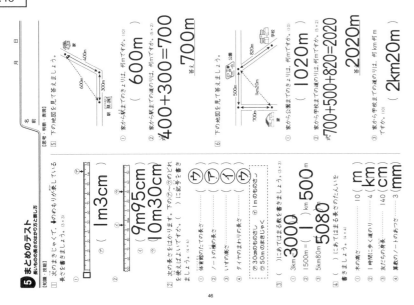

⑤ まとめのテスト
長いものの長さのはかり方と表し方

① 次のまきじゃくで，↓のめもりが表している長さを書きましょう。
① （ **1m3cm** ）
② （ **9m95cm** ）

② 次の地図を見て答えましょう。
① 家から駅までのきょりは，何mですか。
（ **600m** ）
② 家から駅までの道のりは，何mですか。
式　**400＋300＝700**
答え**700m**

次の地図を見て答えましょう。
① 家から公園までのきょりは，何mですか。
（ **1020m** ）
② 家から小学校までの道のりは，何m何mですか。
式　**700＋500＋820＝2020**
答え**2020m，2km20m**

③ 下の地図を見て答えましょう。

① （　）にあてはまる数やたんいを書きましょう。
① 3km＝（ **3000** ）m
② 1500m＝（ **1** ）km（ **500** ）m
③ 5km80m＝（ **5080** ）m
④ 10（ **m** ）　4（ **km** ）　140（ **cm** ）　4（ **mm** ）

P.47

⑥ 暗算
暗算 (1)

① 品物を2こ買ったときの代金が100円になるように，下のおかしを買います。どの品物をもう1こ買うとよいか，暗算でもとめましょう。

ミニドーナツ 63円　あめ 44円　チョコレート 56円　グミ 37円　クッキー 72円

① 63円のミニドーナツを1こ買うとき
（ **グミ** ）

② 44円のあめを1こ買うとき
（ **チョコレート** ）

② たして100になるたし算を，3つかんせいさせましょう。
また，つくった式を見て，□にあてはまる数を書きましょう。

27＋（ **73** ）＝100
（ **66** ）＋34＝100
52＋（ **48** ）＝100

たして100になる2つの数は，一の位の数どうしをたすと，□ **10** になります。また，十の位の数どうしをたすと，□ **9** になります。

③ 暗算で計算しましょう。
① 100－58＝**42**　② 100－46＝**54**　③ 100－75＝**25**　④ 100－62＝**38**
⑤ 100－27＝**73**　⑥ 100－89＝**11**　⑦ 100－36＝**64**　⑧ 100－41＝**59**

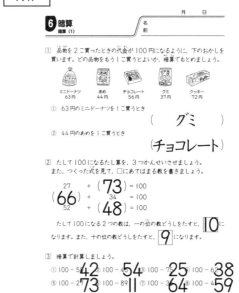

⑥ 暗算
暗算 (2)

① 56＋28を暗算します。（　）にあてはまる数を書きましょう。

⑦ りくとさんの考え方
56を50と（ **6** ），
28を20と（ **8** ）に分けて考えると，
50＋20＝70
（ **6** ）＋（ **8** ）＝（ **14** ）
あわせると，70＋（ **14** ）＝（ **84** ）
答え（ **84** ）

56 ＋ 28
50　6　20　8

④ ことなさんの考え方
28をだいたい30とみて考えると，
56＋30＝86
28より（ **2** ）多くたしているので，
86－（ **2** ）＝（ **84** ）
答え（ **84** ）

自分のやりやすい暗算のしかたを見つけよう。

② 暗算で計算しましょう。
① 33＋49＝**82**　② 26＋55＝**81**　③ 74＋18＝**92**　④ 45＋19＝**64**
⑤ 15＋25＝**40**　⑥ 29＋38＝**67**　⑦ 34＋23＝**57**　⑧ 51＋39＝**90**

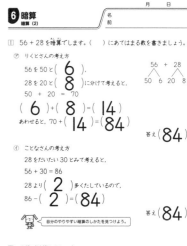

P.48

6 暗算
暗算 (3)　名前

① 71 − 46 を暗算で計算します。（　）にあてはまる数を書きましょう。

⑦ まさやさんの考え方

71 を 60 と（ 11 ）．
46 を（ 40 ）と 6 に分けて考えると，

$$71 - 46$$
$$60 \quad 11 \quad 40 \quad 6$$

60 −（ 40 ）=（ 20 ）
（ 11 ）− 6 =（ 5 ）
あわせると，（ 20 ）+ 5 =（ 25 ）　答え（ 25 ）

⑦ かなさんの考え方

46 をだいたい 50 とみて考えると，
71 − 50 = 21
46 より（ 4 ）多くひいているので，
21 +（ 4 ）=（ 25 ）　　答え（ 25 ）

自分のやりやすい暗算のしかたを見つけよう。

② 暗算で計算しましょう。
① 42 − 1 **27**　② 87 − 5 **36**　③ 50 − 2 **27**　④ 71 − 5 **19**
⑤ 66 − 2 **38**　⑥ 93 − 1 **77**　⑦ 34 − 1 **15**　⑧ 60 − 4 **16**

6 ふりかえり・たしかめ
暗算　名前

● 暗算で計算しましょう。
① 100 − 36 = **64**　② 100 − 72 = **28**
③ 100 − 28 = **72**　④ 100 − 44 = **56**
⑤ 100 − 63 = **37**　⑥ 100 − 51 = **49**
⑦ 100 − 85 = **15**　⑧ 100 − 39 = **61**
⑨ 39 + 22 = **61**　⑩ 45 + 46 = **91**
⑪ 72 + 19 = **91**　⑫ 66 + 24 = **90**
⑬ 18 + 28 = **46**　⑭ 27 + 47 = **74**
⑮ 49 + 13 = **62**　⑯ 62 + 35 = **97**
⑰ 12 + 58 = **70**　⑱ 50 − 36 = **14**
⑲ 62 − 14 = **48**　⑳ 31 − 16 = **15**
㉑ 43 − 25 = **18**　㉒ 75 − 47 = **28**
㉓ 84 − 66 = **18**　㉔ 56 − 47 = **9**
㉕ 91 − 78 = **13**

P.49

7 あまりのあるわり算
あまりのあるわり算 (1)　名前

● りんごが 10 こあります。1 人に 3 こずつ分けると，何人に分けられて，何こあまりますか。

① 式を書きましょう。　　（ 10 ）÷（ 3 ）

② ①の式の答えを見つけるとき，何のだんの九九を使いますか。　　（ 3 ）のだん

③ （　）にあてはまる数を書きましょう。
【わる数】
2 人に分けると，3 × 2 = 6 （ 4 ）こあまる。
3 人に分けると，（ 3 ）× 3 =（ 9 ）（ 1 ）こあまる。
4 人に分けると，（ 3 ）× 4 =（ 12 ）（ 2 ）こたりない。

これまでのわり算と同じように，わる数のだんの九九を使うことができるね。

④ 式と答えを書きましょう。
（ 10 ）÷（ 3 ）=（ 3 ）あまり（ 1 ）
答え（ 3 ）人に分けられて，（ 1 ）こあまる。

あまりがあるときは「わりきれない」というよ。

7 あまりのあるわり算
あまりのあるわり算 (2)　名前

① ⑦〜⑦をわりきれる計算と，わりきれない計算に分けて，（　）に記号を書きましょう。
⑦ 30 ÷ 4　⑦ 25 ÷ 7　⑦ 12 ÷ 6　⑦ 18 ÷ 5　⑦ 32 ÷ 8
わりきれる（ ⑦，⑦ ）　わりきれない（ ⑦，⑦，⑦ ）

② いちごが 15 こあります。1 人に 6 こずつ分けると，何人に分けられて，何こあまりますか。

式　15 ÷ 6 = 2 あまり 3
答え（ 2 ）人に分けられて，（ 3 ）こあまる。

③ ビスケットが 22 まいあります。1 人に 5 まいずつ分けると，何人に分けられて，何まいあまりますか。

式　22 ÷ 5 = 4 あまり 2
答え（ 4 ）人に分けられて，（ 2 ）まいあまる。

P.50

7 あまりのあるわり算
あまりのあるわり算 (3)　名前

① たこやきが 14 こあります。
1 人に 4 こずつ分けると，何人に分けられて，何こあまりますか。

① まだ分けられるのは，⑦と⑦のどちらですか。　（ ⑦ ）
⑦ 14 ÷ 4 = 3 あまり 6　2 人に分けられて，6 こあまる。
⑦ 14 ÷ 4 = 3 あまり 2　3 人に分けられて，2 こあまる。

② たこやきの数（わられる数）をかえて，わる数とあまりの大きさをくらべます。（　）にあてはまる数を書きましょう。

たこやきの数（わられる数）		わる数		答え		あまり
12	÷	4	=	（ 3 ）	あまり	（ 0 ）
13	÷	4	=	（ 3 ）	あまり	（ 1 ）
14	÷	4	=	（ 3 ）	あまり	（ 2 ）
15	÷	4	=	（ 3 ）	あまり	（ 3 ）
16	÷	4	=	（ 4 ）	あまり	（ 0 ）
17	÷	4	=	（ 4 ）	あまり	（ 1 ）

③ わる数とあまりの大きさはどうなりますか。□にあてはまる>，<の記号を書きましょう。
わる数（ > ）あまり

② 次のわり算であまりがあるとき，△にあてはまる数を全部書きましょう。
[れい] □ ÷ 4 = ○ あまり △　　△にあてはまる数（1, 2, 3）
① □ ÷ 3 = ○ あまり △　　△にあてはまる数 **1, 2**
② □ ÷ 5 = ○ あまり △　　△にあてはまる数 **1, 2, 3, 4**

7 あまりのあるわり算
あまりのあるわり算 (4)　名前

① 色紙が 60 まいあります。7 人で同じ数ずつ分けると，1 人分は何まいになって，何まいあまりますか。

式　60 ÷ 7 = 8 あまり 4
答え　1 人分は（ 8 ）まいになって，（ 4 ）まいあまる。

② ジュースを，6 人で同じ数ずつ分けます。ジュースは，全部で 27 本あります。1 人分は何本になって，何本あまりますか。

式　27 ÷ 6 = 4 あまり 3
答え　1 人分は（ 4 ）本になって，（ 3 ）本あまる。

③ ゼリーが 12 こあります。5 人で同じ数ずつ分けると，1 人分は何こになって，何こあまりますか。

式　12 ÷ 5 = 2 あまり 2
答え　1 人分は（ 2 ）こになって，（ 2 ）こあまる。

P.51

7 あまりのあるわり算
あまりのあるわり算 (5)　名前

① 次のわり算の答えが正しいかどうかたしかめましょう。

あめが 13 こあります。1 人に 5 こずつ分けると，何人に分けられて，何こあまりますか。
式　13 ÷ 5 = 2 あまり 3
答え　2 人に分けられて，3 こあまる。

13 ÷ 5 = 2 あまり 3　【わられる数と同じになるね。】
（ 5 ）×（ 2 ）+（ 3 ）=（ 13 ）

② 次の計算の答えで正しいものには（　）に○を，まちがっているものには正しい答えを書きましょう。
① 17 ÷ 3 = 6 あまり 1　（ 5 あまり 2 ）
② 36 ÷ 5 = 7 あまり 1　（ ○ ）
③ 25 ÷ 4 = 5 あまり 5　（ 6 あまり 1 ）

③ 次のわり算をしましょう。また，答えをたしかめる式も書きましょう。
① 38 ÷ 6 =（ 6 あまり 2 ）
たしかめる式（ 6 ）×（ 6 ）+（ 2 ）=（ 38 ）
② 41 ÷ 5 =（ 8 あまり 1 ）
たしかめる式（ 5 ）×（ 8 ）+（ 1 ）=（ 41 ）
③ 62 ÷ 9 =（ 6 あまり 8 ）
たしかめる式（ 9 ）×（ 6 ）+（ 8 ）=（ 62 ）

7 あまりのあるわり算
あまりのあるわり算 (6)　名前

① 49cm のテープを 6cm ずつに切ります。6cm のテープは何本できて，何 cm あまりますか。

式　49 ÷ 6 = 8 あまり 1
答え　8 本できて，1cm あまる。

② 23 このももを，7 人で同じ数ずつ分けます。1 人分は何こになって，何こあまりますか。

式　23 ÷ 7 = 3 あまり 2
答え　3 こになって，2 こあまる。

③ ある数を 6 でわるところを，まちがえて 7 でわってしまい，答えが 5 あまり 4 になってしまいました。
① ある数はいくつですか。　【わり算の答えのたしかめの計算をするといいね。】
式　7 × 5 + 4 = 39　答え **39**
② 正しく 6 でわったときの答えをもとめましょう。
式　39 ÷ 6 = 6 あまり 3　**6 あまり 3**

④ 次の計算が正しいかどうかをせつ明します。正しい方に○をつけましょう。　【26 ÷ 6 = 3 あまり 8】
⑦ （　）答えのたしかめをすると，6 × 3 + 8 = 26 なので，正しい。
⑦ （ ○ ）あまりの 8 が，わる数の 6 より大きいので，まちがっている。

解答

児童に実施させる前に，必ず指導される方が問題を解いてください。本書の解答は，あくまでも１つの例です。指導される方の作られた解答をもとに，本書の解答例を参考に児童の多様な考えに寄り添って○つけをお願いします。

P.52

7 あまりのあるわり算　あまりを考える問題 (1)　名前

① 32このプリンを、1箱に5こずつ入れていきます。全部のプリンを入れるには、箱は何箱あればよいですか。

式　$32÷5=6$ あまり 2　　7箱
$6+1=7$

（あまったプリンを入れるために、箱がもう1箱いるね。）

② 53人の子どもが1つの長いすに7人ずつすわります。全員がすわるには、長いすは何きゃくいりますか。

式　$53÷7=7$ あまり 4
$7+1=8$　　答え　8きゃく

③ 計算問題が60問あります。1日に8問ずつとくと、全部の問題を終えるのに何日かかりますか。

式　$60÷8=7$ あまり 4
$7+1=8$　　答え　8日

④ にんじんが18本あります。1つのかごに4本ずつ入れます。全部のにんじんを入れるには、かごは何こいりますか。

式　$18÷4=4$ あまり 2
$4+1=5$　　答え　5こ

7 あまりのあるわり算　あまりを考える問題 (2)　名前

① 花が62本あります。8本ずつたばにして、花たばを作ります。8本ずつの花たばは、いくつできますか。

式　$62÷8=7$ あまり 6　　答え　7つ

（あまった花では、花たばは作れないね。）

② はばが26cmの本立てがあります。この本立てに、あつさ3cmの本を立てていきます。本は何さつ立てられますか。

式　$26÷3=8$ あまり 2　　答え　8さつ

③ お金を80円持っています。1こ9円のあめは何こ買えますか。

式　$80÷9=8$ あまり 8　　答え　8こ

④ 44cmのリボンを5cmずつに切ります。5cmのリボンは何本できますか。

式　$44÷5=8$ あまり 4　　答え　8本

P.53

7 あまりのあるわり算　計算練習 (1)

① $35÷4=8$ あまり 3	② $22÷3=7$ あまり 1
③ $13÷2=6$ あまり 1	④ $29÷5=5$ あまり 4
⑤ $14÷3=4$ あまり 2	⑥ $31÷4=7$ あまり 3
⑦ $23÷5=4$ あまり 3	⑧ $46÷5=9$ あまり 1
⑨ $33÷4=8$ あまり 1	⑩ $15÷2=7$ あまり 1
⑪ $24÷5=4$ あまり 4	⑫ $11÷3=3$ あまり 2
⑬ $28÷5=5$ あまり 3	⑭ $29÷4=7$ あまり 1
⑮ $17÷3=5$ あまり 2	⑯ $9÷2=4$ あまり 1
⑰ $48÷5=9$ あまり 3	⑱ $38÷5=7$ あまり 3
⑲ $26÷4=6$ あまり 2	⑳ $13÷3=4$ あまり 1
㉑ $44÷5=8$ あまり 4	㉒ $11÷4=2$ あまり 3
㉓ $5÷2=2$ あまり 1	㉔ $39÷5=7$ あまり 4
㉕ $22÷4=5$ あまり 2	㉖ $42÷5=8$ あまり 2
㉗ $12÷5=2$ あまり 2	㉘ $20÷3=6$ あまり 2
㉙ $7÷3=2$ あまり 1	㉚ $19÷4=4$ あまり 3
㉛ $32÷5=6$ あまり 2	㉜ $43÷5=8$ あまり 3
㉝ $15÷4=3$ あまり 3	㉞ $16÷3=5$ あまり 1
㉟ $21÷4=5$ あまり 1	㊱ $34÷5=6$ あまり 4
㊲ $10÷3=3$ あまり 1	㊳ $27÷4=6$ あまり 3
㊴ $49÷5=9$ あまり 4	㊵ $25÷3=8$ あまり 1
㊶ $3÷2=1$ あまり 1	㊷ $33÷6=5$ あまり 3
㊸ $17÷4=4$ あまり 1	㊹ $47÷5=9$ あまり 2
㊺ $8÷3=2$ あまり 2	

7 あまりのあるわり算　計算練習 (2)

① $23÷5=4$ あまり 3	② $37÷4=9$ あまり 1
③ $16÷3=5$ あまり 1	④ $9÷2=4$ あまり 1
⑤ $43÷5=8$ あまり 3	⑥ $39÷4=9$ あまり 3
⑦ $28÷3=9$ あまり 1	⑧ $17÷2=8$ あまり 1
⑨ $25÷4=6$ あまり 1	⑩ $47÷5=9$ あまり 2
⑪ $38÷5=7$ あまり 3	⑫ $10÷4=2$ あまり 2
⑬ $5÷3=1$ あまり 2	⑭ $26÷4=6$ あまり 2
⑮ $31÷5=6$ あまり 1	⑯ $41÷5=8$ あまり 1
⑰ $26÷3=8$ あまり 2	⑱ $35÷4=8$ あまり 3
⑲ $18÷4=4$ あまり 2	⑳ $30÷4=7$ あまり 2
㉑ $7÷2=3$ あまり 1	㉒ $19÷5=3$ あまり 4
㉓ $14÷3=4$ あまり 2	㉔ $23÷4=5$ あまり 3
㉕ $21÷5=4$ あまり 1	㉖ $29÷3=9$ あまり 2
㉗ $8÷5=1$ あまり 3	㉘ $32÷5=6$ あまり 2
㉙ $19÷2=9$ あまり 1	㉚ $13÷3=4$ あまり 1
㉛ $11÷2=5$ あまり 1	㉜ $24÷5=4$ あまり 4
㉝ $42÷5=8$ あまり 2	㉞ $13÷3=4$ あまり 1
㉟ $34÷4=8$ あまり 2	㊱ $24÷5=4$ あまり 4
㊲ $15÷2=7$ あまり 1	㊳ $12÷5=2$ あまり 2
㊴ $6÷5=1$ あまり 1	㊵ $35÷4=8$ あまり 3
㊶ $36÷7=5$ あまり 1	㊷ $4÷3=1$ あまり 1
㊸ $15÷4=3$ あまり 3	㊹ $44÷5=8$ あまり 4
㊺ $22÷4=5$ あまり 2	

P.54

7 あまりのあるわり算　計算練習 (3)

① $37÷8=4$ あまり 5	② $42÷9=4$ あまり 6
③ $58÷7=8$ あまり 2	④ $29÷6=4$ あまり 5
⑤ $30÷8=3$ あまり 6	⑥ $15÷7=2$ あまり 1
⑦ $22÷9=2$ あまり 4	⑧ $73÷8=9$ あまり 1
⑨ $65÷7=9$ あまり 2	⑩ $80÷9=8$ あまり 8
⑪ $45÷6=7$ あまり 3	⑫ $31÷8=3$ あまり 7
⑬ $24÷7=3$ あまり 3	⑭ $44÷7=6$ あまり 2
⑮ $47÷9=5$ あまり 2	⑯ $15÷6=2$ あまり 3
⑰ $50÷8=6$ あまり 2	⑱ $15÷6=2$ あまり 3
⑲ $11÷7=1$ あまり 4	⑳ $20÷9=2$ あまり 2
㉑ $46÷6=7$ あまり 4	㉒ $70÷8=8$ あまり 6
㉓ $52÷9=5$ あまり 7	㉔ $18÷7=2$ あまり 4
㉕ $85÷9=9$ あまり 4	㉖ $32÷6=5$ あまり 2
㉗ $23÷7=3$ あまり 2	㉘ $60÷7=8$ あまり 4
㉙ $62÷9=6$ あまり 8	㉚ $41÷6=6$ あまり 5
㉛ $35÷8=4$ あまり 3	㉜ $13÷6=2$ あまり 1
㉝ $43÷7=6$ あまり 1	㉞ $13÷6=2$ あまり 1
㉟ $18÷8=2$ あまり 2	㊱ $26÷9=2$ あまり 8
㊲ $64÷9=7$ あまり 1	㊳ $76÷9=8$ あまり 4
㊴ $14÷6=2$ あまり 2	㊵ $68÷9=7$ あまり 5
㊶ $33÷7=4$ あまり 5	㊷ $48÷7=6$ あまり 6
㊸ $77÷9=8$ あまり 5	㊹ $84÷9=9$ あまり 3
㊺ $53÷6=8$ あまり 5	

7 あまりのあるわり算　計算練習 (4)

① $40÷6=6$ あまり 4	② $52÷9=5$ あまり 7
③ $38÷8=4$ あまり 6	④ $32÷7=4$ あまり 4
⑤ $25÷8=3$ あまり 1	⑥ $82÷9=9$ あまり 1
⑦ $73÷9=8$ あまり 1	⑧ $36÷7=5$ あまり 1
⑨ $28÷6=4$ あまり 4	⑩ $31÷8=3$ あまり 7
⑪ $69÷7=9$ あまり 6	⑫ $50÷9=5$ あまり 5
⑬ $18÷6=3$ あまり 0	⑭ $30÷7=4$ あまり 2
⑮ $21÷9=2$ あまり 3	⑯ $76÷8=9$ あまり 4
⑰ $42÷8=5$ あまり 2	⑱ $61÷7=8$ あまり 5
⑲ $10÷9=1$ あまり 1	⑳ $25÷6=4$ あまり 1
㉑ $33÷6=5$ あまり 3	㉒ $48÷7=6$ あまり 6
㉓ $19÷9=2$ あまり 1	㉔ $9÷6=1$ あまり 3
㉕ $55÷8=6$ あまり 7	㉖ $67÷7=9$ あまり 4
㉗ $85÷9=9$ あまり 4	㉘ $79÷8=9$ あまり 7
㉙ $43÷6=7$ あまり 1	㉚ $27÷7=3$ あまり 6
㉛ $46÷8=5$ あまり 6	㉜ $58÷9=6$ あまり 4
㉝ $16÷7=2$ あまり 2	㉞ $23÷7=3$ あまり 2
㉟ $26÷9=2$ あまり 8	㊱ $74÷9=8$ あまり 2
㊲ $60÷8=7$ あまり 4	㊳ $39÷7=5$ あまり 4
㊴ $20÷6=3$ あまり 2	㊵ $75÷9=8$ あまり 3
㊶ $48÷7=6$ あまり 6	㊷ $46÷6=7$ あまり 4
㊸ $51÷8=6$ あまり 3	㊹ $22÷9=2$ あまり 4
㊺ $41÷6=6$ あまり 5	

P.55

7 あまりのあるわり算　計算練習 (5)

① $36÷5=7$ あまり 1	② $44÷7=6$ あまり 2
③ $73÷9=8$ あまり 1	④ $15÷4=3$ あまり 3
⑤ $26÷3=8$ あまり 2	⑥ $66÷8=8$ あまり 2
⑦ $80÷9=8$ あまり 8	⑧ $9÷2=4$ あまり 1
⑨ $59÷6=9$ あまり 5	⑩ $32÷5=6$ あまり 2
⑪ $42÷8=5$ あまり 2	⑫ $60÷7=8$ あまり 4
⑬ $28÷3=9$ あまり 1	⑭ $19÷2=9$ あまり 1
⑮ $30÷4=7$ あまり 2	⑯ $67÷8=8$ あまり 3
⑰ $52÷6=8$ あまり 4	⑱ $11÷3=3$ あまり 2
⑲ $23÷4=5$ あまり 3	⑳ $46÷5=9$ あまり 1
㉑ $75÷8=9$ あまり 3	㉒ $7÷2=3$ あまり 1
㉓ $13÷5=2$ あまり 3	㉔ $56÷9=6$ あまり 2
㉕ $34÷4=8$ あまり 2	㉖ $25÷6=4$ あまり 1
㉗ $57÷7=8$ あまり 1	㉘ $43÷8=5$ あまり 3
㉙ $24÷7=3$ あまり 3	㉚ $69÷9=7$ あまり 6
㉛ $16÷3=5$ あまり 1	㉜ $40÷6=6$ あまり 4
㉝ $31÷9=3$ あまり 4	㉞ $21÷4=5$ あまり 1
㉟ $27÷8=3$ あまり 3	㊱ $53÷6=8$ あまり 5
㊲ $10÷3=3$ あまり 1	㊳ $12÷5=2$ あまり 2
㊴ $54÷7=7$ あまり 5	㊵ $63÷8=7$ あまり 7
㊶ $41÷9=4$ あまり 5	㊷ $33÷4=8$ あまり 1
㊸ $15÷6=2$ あまり 3	㊹ $5÷2=2$ あまり 1
㊺ $45÷7=6$ あまり 3	

7 あまりのあるわり算　計算練習 (6)

① $26÷6=4$ あまり 2	② $47÷7=6$ あまり 5
③ $8÷3=2$ あまり 2	④ $58÷7=8$ あまり 2
⑤ $35÷6=5$ あまり 5	⑥ $14÷9=1$ あまり 5
⑦ $64÷9=7$ あまり 1	⑧ $10÷4=2$ あまり 2
⑨ $37÷5=7$ あまり 2	⑩ $5÷2=2$ あまり 1
⑪ $48÷5=9$ あまり 3	⑫ $50÷8=6$ あまり 2
⑬ $20÷3=6$ あまり 2	⑭ $61÷7=8$ あまり 5
⑮ $22÷6=3$ あまり 4	⑯ $49÷5=9$ あまり 4
⑰ $70÷8=8$ あまり 6	⑱ $29÷3=9$ あまり 2
⑲ $17÷4=4$ あまり 1	⑳ $51÷9=5$ あまり 6
㉑ $74÷8=9$ あまり 2	㉒ $36÷7=5$ あまり 1
㉓ $30÷7=4$ あまり 2	㉔ $24÷7=3$ あまり 3
㉕ $85÷9=9$ あまり 4	㉖ $43÷6=7$ あまり 1
㉗ $11÷2=5$ あまり 1	㉘ $32÷5=6$ あまり 2
㉙ $52÷8=6$ あまり 4	㉚ $44÷6=7$ あまり 2
㉛ $62÷9=6$ あまり 8	㉜ $23÷4=5$ あまり 3
㉝ $25÷3=8$ あまり 1	㉞ $40÷9=4$ あまり 4
㉟ $21÷9=2$ あまり 3	㊱ $31÷4=7$ あまり 3
㊲ $82÷9=9$ あまり 1	㊳ $9÷5=1$ あまり 4
㊴ $45÷7=6$ あまり 3	㊵ $33÷4=8$ あまり 1
㊶ $41÷9=4$ あまり 5	㊷ $60÷7=8$ あまり 4
㊸ $45÷7=6$ あまり 3	㊹ $16÷3=5$ あまり 1
㊺ $26÷4=6$ あまり 2	

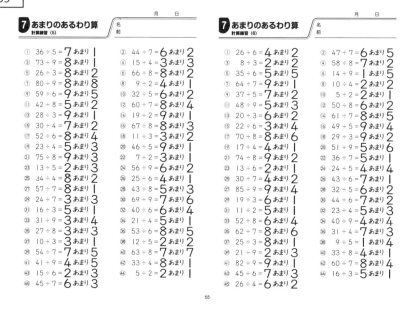

P.56

7 あまりのあるわり算
計算練習(7)　名前

① 8÷3＝2あまり2	② 55÷7＝7あまり6	
③ 24÷5＝4あまり4	④ 18÷4＝4あまり2	
⑤ 46÷6＝7あまり4	⑥ 38÷8＝4あまり6	
⑦ 62÷7＝8あまり6	⑧ 70÷9＝7あまり7	
⑨ 17÷2＝8あまり1	⑩ 42÷5＝8あまり2	
⑪ 35÷6＝5あまり5	⑫ 71÷8＝8あまり7	
⑬ 58÷9＝6あまり4	⑭ 6÷4＝1あまり2	
⑮ 26÷5＝5あまり1	⑯ 13÷2＝6あまり1	
⑰ 22÷4＝5あまり2	⑱ 20÷3＝6あまり2	
⑲ 80÷9＝8あまり8	⑳ 65÷7＝9あまり2	
㉑ 30÷4＝7あまり2	㉒ 11÷2＝5あまり1	
㉓ 54÷7＝7あまり5	㉔ 33÷5＝6あまり3	
㉕ 41÷6＝6あまり5	㉖ 25÷3＝8あまり1	
㉗ 22÷4＝5あまり2	㉘ 78÷8＝9あまり6	
㉙ 34÷6＝5あまり4	㉚ 52÷7＝7あまり3	
㉛ 23÷2＝2あまり7	㉜ 60÷7＝8あまり4	
㉝ 15÷4＝3あまり3	㉞ 42÷9＝4あまり6	
㉟ 37÷5＝7あまり2	㊱ 51÷6＝8あまり3	
㊲ 14÷3＝4あまり2	㊳ 45÷6＝7あまり3	
㊴ 21÷4＝5あまり1	㊵ 9÷2＝4あまり1	
㊶ 32÷5＝6あまり2	㊷ 50÷7＝7あまり1	

7 ふりかえり・たしかめ (1)
あまりのあるわり算　名前

① 16÷3＝5あまり1	② 40÷6＝6あまり4	③ 58÷7＝8あまり2
④ 25÷4＝6あまり1	⑤ 75÷8＝9あまり3	⑥ 34÷6＝5あまり4
⑦ 61÷9＝6あまり7	⑧ 9÷2＝4あまり1	⑨ 15÷3＝5
⑩ 53÷6＝8あまり5	⑪ 44÷9＝4あまり8	⑫ 12÷7＝1あまり5
⑬ 57÷8＝7あまり1	⑭ 60÷8＝7あまり4	⑮ 22÷6＝3あまり4
⑯ 10÷4＝2あまり2	⑰ 47÷6＝7あまり5	⑱ 70÷8＝8あまり6
⑲ 8÷7＝1あまり1	⑳ 14÷3＝4あまり2	㉑ 29÷9＝3あまり2
㉒ 86÷9＝9あまり5	㉓ 13÷2＝6あまり1	㉔ 32÷5＝6あまり2
㉕ 49÷8＝6あまり1	㉖ 77÷8＝9あまり5	㉗ 21÷4＝5あまり1
㉘ 14÷5＝2あまり4	㉙ 37÷6＝6あまり1	㉚ 39÷4＝9あまり3
㉛ 51÷7＝7あまり2	㉜ 24÷4＝6	㉝ 55÷9＝6あまり1
㉞ 17÷4＝4あまり1	㉟ 19÷3＝6あまり1	㊱ 65÷7＝9あまり2
㊲ 82÷9＝9あまり1	㊳ 31÷7＝4あまり3	㊴ 20÷3＝6あまり2
㊵ 7÷3＝2あまり1	㊶ 18÷5＝3あまり3	㊷ 29÷5＝5あまり4
㊸ 34÷9＝3あまり7	㊹ 33÷4＝8あまり1	㊺ 41÷7＝5あまり6
㊻ 38÷4＝9あまり2	㊼ 71÷8＝8あまり7	㊽ 45÷6＝7あまり3
㊾ 54÷7＝7あまり5	㊿ 26÷4＝6あまり2	13÷3＝4あまり1
11÷5＝2あまり1	42÷8＝5あまり2	52÷9＝5あまり7
48÷5＝9あまり3	59÷6＝9あまり5	63÷8＝7あまり7
27÷5＝5あまり2	30÷7＝4あまり2	73÷8＝9あまり1

56

P.57

7 ふりかえり・たしかめ (2)
あまりのあるわり算　名前

① 次のわり算で，わりきれないのはどれですか。（ ）に記号を書きましょう。

　⑦ 49÷6　　⑦ 28÷7　　⑦ 62÷9　　⑦ 12÷3
　⑦ 33÷5　　⑦ 70÷8　　⑦ 36÷4

（ ⑦，⑦，⑦，⑦，⑦ ）

② 22dL のお茶を，3dL ずつコップに入れていきます。お茶が3dL 入ったコップは何にできますか。

式　22÷3＝7あまり1

答え　7に

③ ボールが42こあります。5つのかごに同じ数ずつ入れると，1つのかごには，ボールが何こずつ入って，何こあまりますか。

式　42÷5＝8あまり2
　　8こずつ入って，2こあまる。

④ 34この荷物を，1回に4こずつ運びます。全部運び終わるには，何回運べばよいですか。

式　34÷4＝8あまり2
　　8＋1＝9

答え　9回

7 ふりかえり・たしかめ (3)
あまりのあるわり算　名前

① 次のわり算をしましょう。また，答えをたしかめる式も書きましょう。

① 49÷6＝（ 8あまり1 ）
　たしかめる式（ 6）×（8）＋（1）＝（49）
② 26÷3＝（ 8あまり2 ）
　たしかめる式（ 3×8＋2＝26 ）
③ 65÷8＝（ 8あまり1 ）
　たしかめる式（ 8×8＋1＝65 ）
④ 40÷9＝（ 4あまり4 ）
　たしかめる式（ 9×4＋4＝40 ）
⑤ 31÷4＝（ 7あまり3 ）
　たしかめる式（ 4×7＋3＝31 ）
⑥ 19÷5＝（ 3あまり4 ）
　たしかめる式（ 5×3＋4＝19 ）

② 次の計算の答えで正しいものには（ ）に○を，まちがっているものには正しい答えを書きましょう。

① 20÷6＝3あまり2　（ ○ ）
② 45÷9＝4あまり9　（ 5 ）
③ 14÷3＝5あまり1　（ 4あまり2 ）

57

P.58

7 ふりかえり・たしかめ (4)
あまりのあるわり算　名前

① 65ページの本を，1日に9ページずつ読みます。全部読み終わるまでに何日かかりますか。

式　65÷9＝7あまり2
　　7＋1＝8

答え　8日

② ケーキが15こあります。1箱に4こずつ入れると，何箱できて，何こあまりますか。

式　15÷4＝3あまり3
　　3箱できて，3こあまる。

③ オムライスを1つ作るのに，たまごを2こ使います。たまごは13こあります。オムライスは何こ作れますか。

式　13÷2＝6あまり1

答え　6こ

④ 1こ24円のチョコレートが50こあります。8人で同じ数ずつ分けると，1人分は何こになって，何こあまりますか。

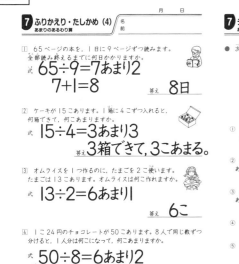

式　50÷8＝6あまり2
　　6こになって，2こあまる。

答え　6こになって，2こあまる。

7 チャレンジ
あまりのあるわり算　名前

● 次のカレンダーは，ある月の第3週までのものです。

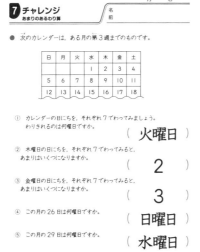

日	月	火	水	木	金	土
				1	2	3
4	5	6	7	8	9	10
11	12	13	14	15	16	17
18						

① カレンダーの日にちを，それぞれ7でわってみましょう。わりきれるのは何曜日ですか。
（ 火曜日 ）

② 木曜日の日にちを，それぞれ7でわってみると，あまりはいくつになりますか。
（ 2 ）

③ 金曜日の日にちを，それぞれ7でわってみると，あまりはいくつになりますか。
（ 3 ）

④ この月の26日は何曜日ですか。
（ 日曜日 ）

⑤ この月の29日は何曜日ですか。
（ 水曜日 ）

日にちを7でわってみると，曜日ごとにあまりが同じになるね。

58

P.59

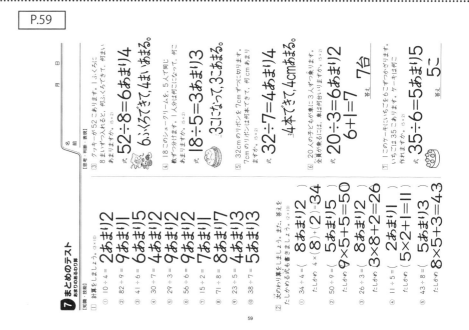

7 まとめのテスト
あまりのあるわり算

① クッキーが52こあります。1ふくろに8こ入ってこります。8まいずつふくろに入れると，何ふくろできて，4まいあまる。
　52÷8＝6あまり4
　6ふくろできて，4まいあまる。

② 40まいのシールを，5人で同じ数ずつ分けます。1人分は何こになって，何こあまりますか。
　18÷5＝3あまり3
　3こになって，3こあまる。

③ 32cmのリボンを7cmずつに切ります。7cmのリボンは何本とれて，何cmあまりますか。
　32÷7＝4あまり4
　4本できて，4cmあまる。

④ 20人の子どもが，1台に3人ずつ乗ります。全員が乗るには，車は何台いりますか。
　20÷3＝6あまり2
　6＋1＝7

答え　7台

⑤ 1このケーキにいちごをこあたりつかいます。いちごは35こあります。ケーキは何こ作れますか。
　35÷6＝5あまり5

答え　5こ

7 まとめのテスト
あまりのあるわり算

① 次の計算をしましょう。
① 10÷4＝2あまり2	② 82÷9＝9あまり1
③ 41÷6＝6あまり5	④ 30÷7＝4あまり2
⑤ 29÷3＝9あまり2	⑥ 56÷6＝9あまり2
⑦ 15÷2＝7あまり1	⑧ 71÷8＝8あまり7
⑨ 23÷5＝4あまり3	⑩ 38÷7＝5あまり3

② 次のわり算をしましょう。また，答えをたしかめる式も書きましょう。
① 34÷4＝（ 8あまり2 ）
　たしかめ（ 4×（8）＋（2）＝34 ）
② 50÷9＝（ 5あまり5 ）
　たしかめ（ 9×5＋5＝50 ）
③ 26÷3＝（ 8あまり2 ）
　たしかめ（ 3×8＋2＝26 ）
④ 11÷5＝（ 2あまり1 ）
　たしかめ（ 5×2＋1＝11 ）
⑤ 43÷8＝（ 5あまり3 ）
　たしかめ（ 8×5＋3＝43 ）

59

P.60

8 大きい数のしくみ　数の表し方 (1)

● 紙は全部で何まいですか。

① 1000まいのたば，100まいのたば，10まいのたばは，それぞれ何こありますか。また，ばらは何まいありますか。

1000まいのたば（ 23 ）こ，100まいのたば（ 4 ）こ，
10まいのたば（ 2 ）こ，ばら（ 5 ）まい

② 10000まいのたばは，何こできますか。

（ 2 ）こ

③ 右の表に紙のまい数を表しましょう。

一万の位	千の位	百の位	十の位	一の位
2	3	4	2	5

まい

④ 紙のまい数を，漢字で書きましょう。

二万三千四百二十五

8 大きい数のしくみ　数の表し方 (2)

● 次の数を，□に数字で書きましょう。また，読み方を漢字で書きましょう。

① 5 2 3 2 6　五万二千三百二十六

② 3 7 2 0 8　三万七千二百八

③ 8 6 0 0 4　八万六千四

④ 6 9 3 0 0　六万九千三百

P.61

8 大きい数のしくみ　数の表し方 (3)

1 □にあてはまる数を漢字で，（ ）にあてはまる数を数字で書きましょう。

① 一万を10こ集めた数を 十万 といい，100000 と書きます。

② 十万を10こ集めた数を 百万 といい，1000000 と書きます。

③ 百万を10こ集めた数を 千万 といい，10000000 と書きます。

2 東京都の人口は14047594人です。

① 東京都の人口を，下の表に数字で書きましょう。また，読み方を漢字で書きましょう。

東京都

千万の位	百万の位	十万の位	一万の位	千の位	百の位	十の位	一の位
1	4	0	4	7	5	9	4

千四百四万七千五百九十四

② （ ）にあてはまる数を書きましょう。

東京都の人口は，千万を（ 1 ）こ，百万を（ 4 ）こ，一万を（ 4 ）こ，千を（ 7 ）こ，百を（ 5 ）こ，十を（ 9 ）こ，一を（ 4 ）こあわせた数です。

8 大きい数のしくみ　数の表し方 (4)

1 次の数を漢字で書きましょう。

千	百	十	一	千	百	十	一
4	1	1	5	2	6	3	8

四千百十五万二千六百三十八

② 52073169
五千二百七万三千百六十九

③ 4356987
四百三十五万六千九百八十七

④ 10845840
千八十四万五千八百四十

⑤ 27400195
二千七百四十万百九十五

2 次の数を数字で書きましょう。

① 三十二万千五百六十一（ 321561 ）

② 八万二千四百三十六（ 82436 ）

③ 二百一万九千八百十（ 2019810 ）

④ 十五万三千二百十七（ 153217 ）

⑤ 百一万二千六百九十九（ 1012699 ）

P.62

8 大きい数のしくみ　数の表し方 (5)

1 （ ）にあてはまる数を書きましょう。

① 42056は，一万を（ 4 ）こ，千を（ 2 ）こ，十を（ 5 ）こ，一を（ 6 ）こあわせた数です。

② 8039000は，百万を（ 8 ）こ，一万を（ 3 ）こ，千を（ 9 ）こあわせた数です。

③ 70289は，一万を（ 7 ）こ，百を（ 2 ）こ，十を（ 8 ）こ，一を（ 9 ）こあわせた数です。

④ 一万を5こ，千を7こ，一を1こあわせた数は 57001 です。

⑤ 千万を7こ，百万を2こ，十万を5こ，百を3こあわせた数は 72500300 です。

⑥ 百万を3こ，十万を5こ，一万を4こ，千を9こ，十を1こあわせた数は 3549010 です。

2 62176239という数について，答えましょう。

① 右から3番目の2は，何が2こあることを表していますか。

百（100）

② 左から2番目の2は，何が2こあることを表していますか。

百万（1000000）

8 大きい数のしくみ　数の表し方 (6)

1 （ ）にあてはまる数を書きましょう。

① 1000を24こ集めた数は，（ 24000 ）です。

② 1000を32こ集めた数は，（ 32000 ）です。

③ 1000を76こ集めた数は，（ 76000 ）です。

④ 1000を63こ集めた数は，（ 63000 ）です。

⑤ 1000を450こ集めた数は，（ 450000 ）です。

⑥ 1000を660こ集めた数は，（ 660000 ）です。

2 （ ）にあてはまる数を書きましょう。

① 26000は，1000を（ 26 ）こ集めた数です。

② 35000は，1000を（ 35 ）こ集めた数です。

③ 58000は，1000を（ 58 ）こ集めた数です。

④ 79000は，1000を（ 79 ）こ集めた数です。

⑤ 520000は，1000を（ 520 ）こ集めた数です。

⑥ 810000は，1000を（ 810 ）こ集めた数です。

P.63

8 大きい数のしくみ　数の表し方 (7)

1 下の数直線の，いちばん小さい1めもりの数と，⑦〜⑨のめもりが表している数を書きましょう。

① 1000　⑦ 3000　⑨ 7000

② 10万　⑦ 60万　⑨ 110万

③ 5000　⑦ 515000　⑨ 530000

2 下の数直線を見て，次の数を表すめもりに↑を書きましょう。

⑦ 35000
⑨ 46000より5000大きい数
⑨ 63000より4000小さい数

8 大きい数のしくみ　数の表し方 (8)

1 下の数直線を見て，答えましょう。

① いちばん小さい1めもりはいくつですか。（ 1000万 ）

② ⑦のめもりは，1000万を何こ集めた数を表していますか。

（ 10こ ）

③ ⑦のめもりが表す数を，数字で書きましょう。また，読み方を漢字で書きましょう。

数字 100000000　読み方（ 一億 ）

2 ⑦，④のめもりが表している数を書きましょう。

⑦ 9300万　④ 1億

3 下の数直線を見て，次の数を表すめもりに↑を書きましょう。

⑦ 8000万より200万大きい数
④ 1億より600万小さい数

P.64

8 大きい数のしくみ 数の表し方 (9)

□ □にあてはまる等号，不等号を書きましょう。

① 500万 < 900万

② 23860 > 22990

③ 3000 < 2000 + 2000

> 2000 + 2000 は，1000 を
> もとにして考えるといいね。

④ 40000 + 50000 = 90000

⑤ 50万 > 30万 + 10万

⑥ 800000 − 300000 > 400000

⑦ 2000 < 12000 − 9000

⑧ 500万 − 100万 = 400万

② □にあてはまる数を，┈┈┈┈の中から全部えらんで，（ ）に記号で書きましょう。

① □ < 3000 + 2000 （ ⑦，⑦，⑦ ）

② □ < 8000 − 6000 （ ⑦，⑦ ）

③ □ = 20万 + 80万 （ ⑦ ）

④ □ > 70000 − 50000 （ ⑦，⑦ ）

⑤ □ > 130万 − 40万 （ ⑦，⑦ ）

┈┈┈ ⑦500 ⑦1000 ⑦3000 ⑦50万 ⑦100万 ┈┈┈

64

8 大きい数のしくみ 数の表し方 (10)

● 次の数は，どのような数といえますか。（ ）にあてはまる数を書きましょう。

① 12000

⑦ 12000は，10000と（ 2000 ）をあわせた数です。
12000 = 10000 + （ 2000 ）

⑦ 12000は，20000より（ 8000 ）小さい数です。
12000 = 20000 − （ 8000 ）

⑦ 12000は，1000を（ 12 ）こ集めた数です。

② 36000

⑦ 36000は，30000と（ 6000 ）をあわせた数です。

⑦ 36000は，40000より（ 4000 ）小さい数です。

⑦ 36000は，1000を（ 36 ）こ集めた数です。

③ 78000

⑦ 78000は，70000と（ 8000 ）をあわせた数です。

⑦ 78000は，80000より（ 2000 ）小さい数です。

⑦ 78000は，1000を（ 78 ）こ集めた数です。

> 1つの数でも
> いろいろな見方が
> できるね。

P.65

8 大きい数のしくみ 10倍した数と10でわった数

□ 次の数を10倍，100倍，1000倍した数を書きましょう。

① 34 （ 340 ）（ 3400 ）（ 34000 ）

② 50 （ 500 ）（ 5000 ）（ 50000 ）

③ 760 （ 7600 ）（ 76000 ）（ 760000 ）

④ 957 （ 9570 ）（ 95700 ）（ 957000 ）

⑤ 200 （ 2000 ）（ 20000 ）（ 200000 ）

② 次の数を10でわった数を書きましょう。

① 30 （ 3 ）　② 490 （ 49 ）

③ 600 （ 60 ）　④ 820 （ 82 ）

③ 計算をしましょう。

① 43 × 10 430　② 38 × 100 3800

③ 56 × 1000 56000　④ 890 × 1000 890000

⑤ 470 ÷ 10 47　⑥ 700 ÷ 10 70

④ （ ）にあてはまる数を書きましょう。

① （ 102 ）を10倍した数は，1020です。

② （ 180 ）を100倍した数は，18000です。

③ 220 1000 倍した数は，220000です。

④ 2050 10 わった数は，205です。

65

8 ふりかえり・たしかめ (1) 大きい数のしくみ

□ 3286495の，十万の位の数字と，百万の位の数字を書きましょう。

十万の位の数字（ 2 ）　百万の位の数字（ 3 ）

② 次の数を数字で書きましょう。

① 七百四万二千三百九十 7042390

② 六十一万七千八百十一 （ 617811 ）

③ 四万五千四百二十三 （ 45423 ）

③ 次の数を数字で書きましょう。

① 千万を2こ，百万を1こ，十万を9こ，一万を3こあわせた数
21930000

② 百万を4こ，十万を8こ，千を2こ，十を7こあわせた数
4802070

④ 次の数を数字で書きましょう。

① 1000を48こ集めた数は，（ 48000 ）です。

② 1000を780こ集めた数は，（ 780000 ）です。

③ 15000は，1000を（ 15 ）こ集めた数です。

④ 830000は，1000を（ 830 ）こ集めた数です。

P.66

8 ふりかえり・たしかめ (2) 大きい数のしくみ

□ ⑦，⑦にあてはまる数を書きましょう。

⑦ 8200万　　⑦ 1億

7000万　　8000万　　9000万

② □にあてはまる等号，不等号を書きましょう。

① 6000 > 3000 + 2000

② 40万 + 10万 = 50万

③ 900000 − 500000 > 300000

④ 800万 − 600万 < 300万

③ 54000はどんな数ですか。（ ）にあてはまる数を書きましょう。

⑦ 50000と（ 4000 ）をあわせた数

⑦ 60000より（ 6000 ）小さい数

⑦ 1000を（ 54 ）こ集めた数

④ 710を10倍，100倍，1000倍した数は，それぞれいくつですか。また，10でわった数はいくつですか。

10倍	100倍	1000倍	10でわる
（ 7100 ）	（ 71000 ）	（ 710000 ）	71

66

8 チャレンジ 大きい数のしくみ

□ 0，1，3，5，7，9 の6まいのカードから5まいをえらんで，5けたの数をつくります。

① いちばん大きい数をつくりましょう。 97531

② いちばん小さい数をつくりましょう。 10357

③ 40000にいちばん近い数をつくりましょう。
39751

② 0 から 9 までの10まいのカードから7まいをえらんで，7けたの数をつくります。

① いちばん大きい数をつくりましょう。
9876543

② 7000000 より小さく，7000000にいちばん近い数をつくりましょう。
6987543

③ 2000000 より大きく，2000000にいちばん近い数をつくりましょう。
2013456

P.67

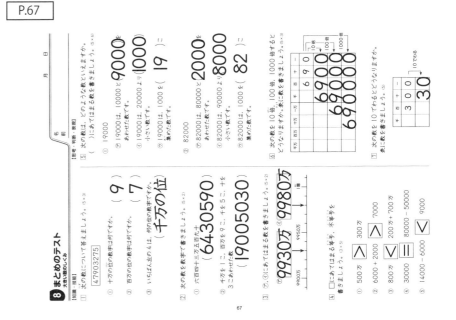

8 まとめのテスト 大きい数のしくみ

【知識・技能】

□ 次の数について答えましょう。（5×3）479032 75

① 十万の位の数字は何ですか。（ 9 ）

② 百万の位の数字は何ですか。（ 7 ）

③ いちばん左の 4 は，何の位の数字ですか。
（ 千万の位 ）

② 次の数を数字で書きましょう。（5×2）

① 六百四十三万五百九十 6430590

② 千万を1こ，百万を9こ，千を5こ，十を3こあわせた数
19005030

③ ⑦，⑦にあてはまる数を書きましょう。（5×2）
⑦ 9930万　⑦ 9980万

9900万　　　99505

④ □にあてはまる等号，不等号を書きましょう。（5×5）

① 500万 ∧ 300万

② 6000 + 2000 ∨ 7000

③ 800万 ∨ 200万 + 700万

④ 30000 ∧ 80000 − 50000

⑤ 7000 ∨ 14000 − 6000

【思考・判断・表現】

⑤ 次の数は，どのような数といえますか。（ ）にあてはまる数を書きましょう。（5×3）

① 19000

⑦ 19000は，10000と（ 9000 ）をあわせた数です。

⑦ 19000は，20000より（ 1000 ）小さい数です。

⑦ 19000は，1000を（ 19 ）こ集めた数です。

② 82000

⑦ 82000は，80000と（ 2000 ）をあわせた数です。

⑦ 82000は，90000より（ 8000 ）小さい数です。

⑦ 82000は，1000を（ 82 ）こ集めた数です。

⑥ 次の数を10倍，100倍，1000倍すると，ひとつひとつどうなりますか。表に数を書きましょう。（5×3）

⑦ 次の数を10でわるとどうなりますか。表に数を書きましょう。（5）

P.68

9 かけ算の筆算① 何十，何百のかけ算

① 1こ40円のチョコレートを，2こ買います。代金はいくらですか。

式　$40×2=80$

答え　80円

② 計算をしましょう。

① 20×3　**60**
② 50×5　**250**
③ 30×6　**180**
④ 80×9　**720**
⑤ 60×4　**240**
⑥ 10×7　**70**
⑦ 90×8　**720**
⑧ 70×2　**140**
⑨ 800×3　**2400**
⑩ 900×4　**3600**
⑪ 300×7　**2100**
⑫ 500×6　**3000**
⑬ 400×8　**3200**
⑭ 700×2　**1400**
⑮ 200×9　**1800**
⑯ 600×5　**3000**

③ （　）にあてはまる数を書きましょう。

かけ算では，かけられる数が10倍になると，答えも（ 10 ）倍になる。
また，かけられる数が100倍になると，答えも（ 100 ）倍になる。

9 かけ算の筆算① 2けたの数に1けたの数をかける計算(1)

くり上がりなし

① 筆算でしましょう。

① 42×2
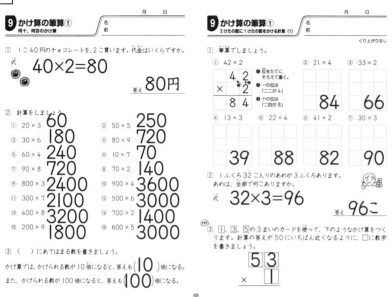
・位をたてにそろえて書く。
・一の位は「二二が4」
・十の位は「二四が8」

② 21×4　**84**
③ 33×2　**66**
④ 13×3　**39**
⑤ 22×4　**88**
⑥ 41×2　**82**
⑦ 30×3　**90**

② 1ふくろ32こ入りのあめが3ふくろあります。あめは，全部で何こありますか。

式　$32×3=96$

答え　96こ

③ 1，3，5の3まいのカードを使って，下のようなかけ算をつくります。計算の答えが50にいちばん近くなるように，□に数字を書きましょう。

53
× 1

P.69

9 かけ算の筆算① 2けたの数に1けたの数をかける計算(2)

くり上がり1回

① 筆算でしましょう。

① 36×2
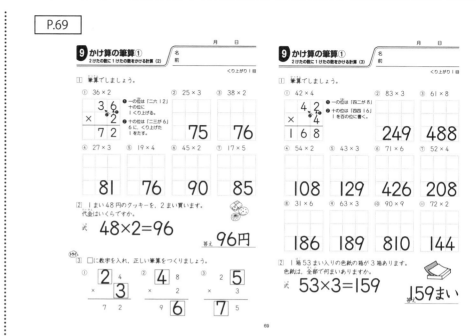
・一の位は「二六12」
・十の位に1くり上げる。
・十の位は「二三が6」
6に，くり上げた1をたす。

② 25×3　**75**
③ 38×2　**76**
④ 27×3　**81**
⑤ 19×4　**76**
⑥ 45×2　**90**
⑦ 17×5　**85**

② 1まい48円のクッキーを，2まい買います。代金はいくらですか。

式　$48×2=96$

答え　96円

③ □に数字を入れ，正しい筆算をつくりましょう。

① 2▢4
×　3
7 2

② 4▢8
×　2
▢6（9▢6）

③ ▢5
×　3
7 5

9 かけ算の筆算① 2けたの数に1けたの数をかける計算(3)

くり上がり1回

① 筆算でしましょう。

① 42×4
・一の位は「四二が8」
・十の位は「四四16」
1を百の位に書く。
1 6 8

② 83×3　**249**
③ 61×8　**488**
④ 54×2　**108**
⑤ 43×3　**129**
⑥ 71×6　**426**
⑦ 52×4　**208**
⑧ 31×6　**186**
⑨ 63×3　**189**
⑩ 90×9　**810**
⑪ 72×2　**144**

② 1箱53まい入りの色紙の箱が3箱あります。色紙は，全部で何まいありますか。

式　$53×3=159$

答え　159まい

P.70

9 かけ算の筆算① 2けたの数に1けたの数をかける計算(4)

くり上がり2回

① 筆算でしましょう。

① 48×3
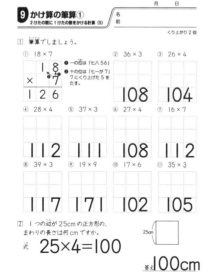
・一の位は「三八24」
・十の位に2くり上げる。
・十の位は「三四12」
12に，くり上げた2をたす。
1 4 4

② 54×5　**270**
③ 66×3　**198**
④ 39×5　**195**
⑤ 27×6　**162**
⑥ 95×2　**190**
⑦ 73×8　**584**

② バスが4台あります。1台のバスに38人乗ると，全部で何人になりますか。

式　$38×4=152$

答え　152人

③ かけ算をしないで，（　）にあてはまる数を書きましょう。

① 43×5＝215
43×6＝（ 258 ）

② 38×4＝152
39×4＝（ 156 ）

9 かけ算の筆算① 2けたの数に1けたの数をかける計算(5)

くり上がり2回

① 筆算でしましょう。

① 18×7
・一の位は「七八56」
・十の位は「七一が7」
7にくり上げた5をたす。
1 2 6

② 36×3　**108**
③ 26×4　**104**
④ 28×4　**112**
⑤ 37×3　**111**
⑥ 27×4　**108**
⑦ 16×7　**112**
⑧ 39×3　**117**
⑨ 19×9　**171**
⑩ 17×6　**102**
⑪ 35×3　**105**

② 1つの辺が25cmの正方形の，まわりの長さは何cmですか。

式　$25×4=100$

答え　100cm

P.71

9 かけ算の筆算① 2けたの数に1けたの数をかける計算(6)

くり上がり2回

① 筆算でしましょう。

① 79×4

・一の位は「四九36」
・十の位に3くり上げる。
・十の位は「四七28」
28に，くり上げた3をたす。
3 1 6

② 88×6　**528**
③ 59×9　**531**
④ 39×8　**312**
⑤ 46×7　**322**
⑥ 28×9　**252**
⑦ 38×9　**342**

② 1本84円のボールペンを，7本買います。代金はいくらですか。

式　$89×7=623$

答え　623円

③ それぞれのかけ算の答えをもとめないで，□にあてはまる等号，不等号を書きましょう。

① 38×6　**＜**　36×8

② 42×6　**＝**　63×4

（計算をしてたしかめよう。）

9 かけ算の筆算① 2けたの数に1けたの数をかける計算(7)

いろいろな型

① 31×3　**93**
② 51×7　**357**
③ 37×9　**333**
④ 87×4　**348**
⑤ 47×2　**94**
⑥ 15×9　**135**
⑦ 74×2　**148**
⑧ 14×2　**28**
⑨ 75×5　**375**
⑩ 62×4　**248**
⑪ 86×6　**516**
⑫ 37×7　**259**
⑬ 16×6　**96**
⑭ 77×7　**539**
⑮ 38×3　**114**
⑯ 24×3　**72**

P.72

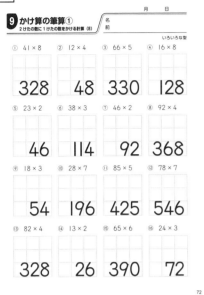

9 かけ算の筆算①
2けたの数に1けたの数をかける計算 (8)
名前
いろいろな型

① 41×8　② 12×4　③ 66×5　④ 16×8

328　48　330　128

⑤ 23×2　⑥ 38×3　⑦ 46×2　⑧ 92×4

46　114　92　368

⑨ 18×3　⑩ 28×7　⑪ 85×5　⑫ 78×7

54　196　425　546

⑬ 82×4　⑭ 13×2　⑮ 65×6　⑯ 24×3

328　26　390　72

9 かけ算の筆算①
2けたの数に1けたの数をかける計算 (9)
名前
いろいろな型

① 11×7　② 48×6　③ 22×3　④ 26×2

77　288　66　52

⑤ 58×9　⑥ 73×3　⑦ 16×5　⑧ 46×4

522　219　80　184

⑨ 74×9　⑩ 87×6　⑪ 80×7　⑫ 56×9

666　522　560　504

⑬ 78×8　⑭ 12×3　⑮ 64×2　⑯ 28×3

624　36　128　84

72

P.73

9 かけ算の筆算①
2けたの数に1けたの数をかける計算 (10)
名前
いろいろな型

① 57×6　② 42×4　③ 38×2　④ 11×8

342　168　76　88

⑤ 63×3　⑥ 76×8　⑦ 29×5　⑧ 18×5

189　608　145　90

⑨ 44×2　⑩ 54×7　⑪ 61×9　⑫ 90×4

88　378　549　360

⑬ 96×6　⑭ 25×3　⑮ 82×9　⑯ 47×7

576　75　738　329

9 かけ算の筆算①
2けたの数に1けたの数をかける計算 (11)
名前

① 計算プリントが4まいあります。1まいの問題数は32問です。
計算問題は全部で何問ありますか。

式 32×4=128

答え 128問

② いちごが29こ入った箱が5箱あります。いちごは，全部で何こありますか。

式 29×5=145

答え 145こ

③ 本を1日に38ページずつ読みます。3日間では，何ページ読めますか。

式 38×3=114

答え 114ページ

④ 1ふくろにおはじきが53こ入ったふくろが7ふくろあります。おはじきは，全部で何こありますか。

式 53×7=371

答え 371こ

73

P.74

9 かけ算の筆算①
3けたの数に1けたの数をかける計算 (1)
名前
くり上がりなし

① 筆算でしましょう。

①
```
  2 4 3
×     2
─────
  4 8 6
```
② 322×3

966

③ 143×2

286

④ 230×3

690

⑤ 121×4

484

⑥ 421×2

842

⑦ 233×3

699

⑧ 303×2

606

一の位からじゅんに計算していこう。2けたの数の筆算と同じだね。

② 1こ244円のプリンを2こ買います。代金はいくらですか。

式 244×2=488

答え 488円

9 かけ算の筆算①
3けたの数に1けたの数をかける計算 (2)
名前
くり上がり1回・2回

① 筆算でしましょう。

①
```
  3 5 6
×     2
─────
  7 1 2
```
② 243×3

729

③ 214×3

642

④ 146×5

730

⑤ 427×2

854

⑥ 152×2

608

⑦ 150×6

900

⑧ 438×2

876

⑨ 235×4

940

② 水族館までの電車代は1人460円です。2人分の代金はいくらですか。

式 460×2=920

答え 920円

74

P.75

9 かけ算の筆算①
3けたの数に1けたの数をかける計算 (3)
名前
くり上がり1回・2回

① 筆算でしましょう。

① 325×3

975

② 418×2

836

③ 168×5

840

④ 273×2

546

⑤ 193×5

965

⑥ 214×3

642

⑦ 351×2

702

⑧ 268×3

804

⑨ 192×4

768

② 1mのねだんが266円のリボンを，3m買います。代金はいくらですか。

式 266×3=798

答え 798円

9 かけ算の筆算①
3けたの数に1けたの数をかける計算 (4)
名前
いろいろな型

① 筆算でしましょう。

① 410×2

820

② 238×3

714

③ 350×2

700

④ 163×5

815

⑤ 223×4

892

⑥ 133×3

399

⑦ 184×5

920

⑧ 291×3

873

⑨ 346×2

692

② □に数字を入れ，正しい筆算をつくりましょう。

①
```
  2 6 4
×     3
─────
  7 9 2
```

②
```
  4 9 7
×     2
─────
  9 9 4
```

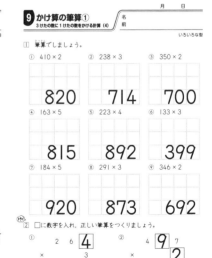

75

P.76

9 かけ算の筆算①
3けたの数に1けたの数をかける計算 (5)

名前

答えが4けた

① 筆算でしましょう。

① 723 × 3

```
   7 2 3
 ×     3
 2 1 6 9
```

② 617 × 2 → 1234

③ 818 × 4 → 3272

④ 328 × 5 → 1640

⑤ 197 × 8 → 1576

⑥ 293 × 7 → 2051

② 1しゅうが203mの公園のまわりを5しゅう走りました。全部で何m走りましたか。

式 203×5＝1015

答え 1015m

③ 下の⑦〜⑤の中で，答えがいちばん大きくなるのはどれですか。見当をつけて答えましょう。

⑦ 425	① 523	⑦ 234	⑤ 432
× 3	× 4	× 5	× 5

(⑤)

76

---

9 かけ算の筆算①
3けたの数に1けたの数をかける計算 (6)

名前

いろいろな型

① 203 × 3 → 609
② 183 × 5 → 915
③ 762 × 5 → 3810

④ 319 × 3 → 957
⑤ 825 × 6 → 4950
⑥ 459 × 2 → 918

⑦ 433 × 2 → 866
⑧ 235 × 4 → 940
⑨ 803 × 9 → 7227

⑩ 192 × 4 → 768
⑪ 122 × 4 → 488
⑫ 624 × 3 → 1872

P.77

9 かけ算の筆算①
3けたの数に1けたの数をかける計算 (7)

名前

① 462 × 3 → 1386
② 579 × 4 → 2316
③ 429 × 2 → 858

④ 331 × 3 → 993
⑤ 459 × 7 → 3213
⑥ 364 × 2 → 728

⑦ 576 × 8 → 4608
⑧ 165 × 6 → 990
⑨ 241 × 2 → 482

⑩ 146 × 5 → 730
⑪ 706 × 8 → 5648
⑫ 216 × 4 → 864

---

9 かけ算の筆算①
3けたの数に1けたの数をかける計算 (8)

名前

いろいろな型

① 609 × 9 → 5481
② 211 × 4 → 844
③ 250 × 3 → 750

④ 328 × 3 → 984
⑤ 467 × 7 → 3269
⑥ 159 × 6 → 954

⑦ 322 × 3 → 966
⑧ 594 × 5 → 2970
⑨ 140 × 6 → 840

⑩ 234 × 4 → 936
⑪ 361 × 8 → 2888
⑫ 723 × 2 → 1446

77

P.78

9 かけ算の筆算①
3けたの数に1けたの数をかける計算 (9)

名前

いろいろな型

① 168 × 5 → 840
② 314 × 2 → 628
③ 738 × 6 → 4428

④ 404 × 2 → 808
⑤ 243 × 4 → 972
⑥ 809 × 8 → 6472

⑦ 678 × 7 → 4746
⑧ 438 × 2 → 876
⑨ 231 × 3 → 693

⑩ 595 × 9 → 5355
⑪ 367 × 2 → 734
⑫ 332 × 3 → 996

---

9 かけ算の筆算①
3けたの数に1けたの数をかける計算 (10)

名前

① 1こ274円のクロワッサンを，6こ買います。代金はいくらですか。

式 274×6＝1644

答え 1644円

② 動物園の入園料は，1人420円です。4人分ではいくらになりますか。

式 420×4＝1680

答え 1680円

③ 1本の長さが135cmのリボンを，3本買います。1本324円です。

① 全部で何cmになりますか。

式 135×3＝405

答え 405cm

② 代金はいくらですか。

式 324×3＝972

答え 972円

78

P.79

9 かけ算の筆算①
3けたの数に1けたの数をかける計算 (11)

名前

① □にあてはまる数を書きましょう。

① (45 × 5) × 2 = 45 × (5 × 2)

② (94 × 2) × 5 = 94 × (2 × 5)

② くふうして計算しましょう。

① 70 × 2 × 3 ＝70×(2×3)＝420

② 182 × 5 × 2 ＝182×(5×2)＝1820

③ 300 × 4 × 2 ＝300×(4×2)＝2400

④ 25 × 4 × 7 ＝(25×4)×7＝700

⑤ 93 × 2 × 5 ＝93×(2×5)＝930

③ 1こ98円のシュークリームが，1箱に2こずつ入っています。5箱買うと，代金はいくらですか。くふうして計算しましょう。

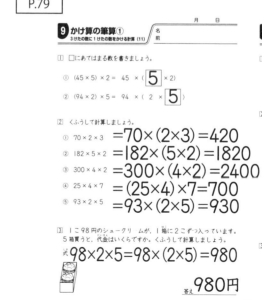

式 98×2×5＝98×(2×5)＝980

答え 980円

---

9 ふりかえり・たしかめ (1)
かけ算の筆算①

名前

① 計算しましょう。

① 40 × 7 = 280
② 70 × 8 = 560
③ 50 × 2 = 100
④ 200 × 4 = 800
⑤ 100 × 6 = 600
⑥ 600 × 3 = 1800

② 筆算で計算しましょう。

① 32 × 3 → 96
② 324 × 3 → 972
③ 58 × 9 → 522
④ 123 × 3 → 369

⑤ 37 × 2 → 74
⑥ 86 × 5 → 430
⑦ 753 × 7 → 5271
⑧ 81 × 9 → 729

③ 3年生は，どのクラスも36人ずつで，全部で4クラスあります。3年生は，みんなで何人いますか。

式 36×4＝144

答え 144人

79

P.80

9 ふりかえり・たしかめ (2)
かけ算の筆算①

① 筆算でしましょう。

① 418×2	② 28×3	③ 242×2	④ 65×3
836	84	484	195

⑤ 69×6	⑥ 198×4	⑦ 684×5	⑧ 18×6
414	792	3420	108

② 350mL 入りのお茶のペットボトルを6本買います。
1本 124円です。

① 代金はいくらですか。
式 124×6=744
答え 744円

② 全部で何mLですか。
式 350×6=2100
答え 2100mL

9 ふりかえり・たしかめ (3)
かけ算の筆算①

① 筆算でしましょう。

① 15×6	② 159×5	③ 79×7	④ 568×8
90	795	553	4544

⑤ 58×4	⑥ 11×7	⑦ 136×6	⑧ 27×4
232	77	816	108

② 答えの見当をつけて、左の筆算のまちがいを見つけます。（　）にあてはまる数を書きましょう。また、正しく計算しましょう。

①
```
   73
 ×  5
 3515
```
答えは、だいたい
70×5=(350)
```
   73
 ×  5
  365
```

②
```
  402
 ×  3
  126
```
答えは、だいたい
400×3=(1200)
```
  402
 ×  3
 1206
```

P.81

9 ふりかえり・たしかめ (4)
かけ算の筆算①

① 筆算でしましょう。

① 43×2	② 18×5	③ 508×6	④ 223×4
86	90	3048	892

② くふうして計算しましょう。

① 30×3×3 ＝30×(3×3)＝270
② 58×2×5 ＝58×(2×5)＝580
③ 800×2×4 ＝800×(2×4)＝6400

③ 1パック400円のいちごを買って、1人に3パックずつ配ります。3人に配ると、代金はいくらですか。くふうして計算しましょう。

式 400×3×3=400×(3×3)
　　　　　　　＝3600
答え 3600円

9 チャレンジ
かけ算の筆算①

● ①～⑨までの9まいのカードから8まいをえらんで、次のようなかけ算をつくります。筆算が正しくなるように、□に数字を書きましょう。

①
```
  8 1 9
 ×   3
 2 4 5 7
```

②
```
  7 8 9
 ×   4
 3 1 5 6
```

③
```
  6 7 9
 ×   8
 1 3 5 8
```
（例）
```
  5 3 7
 ×   8
 4 2 9 6
```

④
```
  9 5 4
 ×   8
 7 6 3 2
```
（例）
```
  4 5 9
 ×   8
 3 6 7 2
```

P.82

9 まとめのテスト
かけ算の筆算①

【知識・技能】

① 計算をしましょう。(5×2)
① 70×2 ＝140
② 500×4 ＝2000

② 筆算でしましょう。(4×10)

① 12×7	84
② 15×8	120
③ 23×3	69
④ 47×4	188
⑤ 31×7	217
⑥ 67×8	536
⑦ 320×3	960
⑧ 187×5	935
⑨ 753×8	6024
⑩ 451×6	2706

【思考・判断・表現】

③ ① ふくろ37円のラムネを、2ふくろ買います。代金はいくらですか。(5×2)
式 37×2=74
答え 74円

② 毎日29ページずつ本を読みます。8日間では、何ページ読めますか。(5×2)
式 29×8=232
答え 232ページ

③ 1本 250mL で 145円のジュースを7本買います。(5×2)
① 代金はいくらですか。
式 145×7=1015
答え 1015円

② 全部で何mLですか。
式 250×7=1750
答え 1750mL

④ 1こ90円のパンが、1ふくろに4こずつ入っています。2ふくろ買うと、代金はいくらですか。1つの式に表して計算しましょう。(5×2)
式 90×4×2=90×(4×2)
　　　　　　　＝720
答え 720円

P.83

10 大きい数のわり算、分数とわり算
大きい数のわり算 (1)

① 90まいのシールを、3人で同じ数ずつ分けます。1人分は何まいになりますか。

全部のまい数 ÷ 分ける人数 ＝ 1人分のまい数 になるね。

式 (90)÷(3)＝(30)
答え (30)まい

② 計算をしましょう。

① 80÷2	40	② 50÷5	10
③ 60÷3	20	④ 20÷2	10
⑤ 70÷7	10	⑥ 40÷2	20
⑦ 80÷4	20	⑧ 30÷3	10

10をもとに考えるといいね。

10 大きい数のわり算、分数とわり算
大きい数のわり算 (2)

① 84このあめを、4人で同じ数ずつ分けます。1人分は何こになりますか。

式 (84)÷(4)＝(21)

位ごとに分けて計算するといいね。

```
  84    80÷4=( 20 )
 80  4   4÷4=(  1 )
```
あわせて (21)

答え (21)こ

② 計算をしましょう。

① 63÷3	21	② 48÷4	12
③ 55÷5	11	④ 26÷2	13
⑤ 93÷3	31	⑥ 66÷6	11
⑦ 88÷2	44	⑧ 69÷3	23

③ 次のわり算のうち、答えが2けたになるものを全部えらんで、（　）に記号を書きましょう。

⑦ 49÷7　④ 96÷3　④ 64÷2　② 48÷8

(④, ④)

P.84

10 大きい数のわり算，分数とわり算
分数とわり算（1） 名前

① ロープの長さは60cmです。60cmの $\frac{1}{3}$ の長さは何cmですか。
（ ）にあてはまる数を書きましょう。

| 60cmの $\frac{1}{3}$ の長さは，60cmを（ **3** ）等分した1こ分の長さ |

式 $60 \div （ 3 ） = （ 20 ）$　　答え（ 20 ）cm

② 40cmの $\frac{1}{4}$ の長さは何cmですか。

式 $40 \div 4 = 10$　　答え **10cm**

③ 次の長さは何cmですか。
① 90cmの $\frac{1}{3}$ の長さ　（ 30 ）cm
② 80cmの $\frac{1}{4}$ の長さ　（ 20 ）cm
③ 30cmの $\frac{1}{3}$ の長さ　（ 10 ）cm

10 大きい数のわり算，分数とわり算
分数とわり算（2） 名前

① 赤色のリボンの長さは93cm，白色のリボンの長さは96cmです。もとの長さの $\frac{1}{3}$ の長さを，それぞれもとめましょう。

① 赤色のリボン
式 $93 \div 3 = 31$　　**31cm**

② 白色のリボン
式 $96 \div 3 = 32$　　**32cm**

③ ①と②は，どちらも，もとの長さの $\frac{1}{3}$ なのに，長さがちがうのはなぜですか。
答え もとの長さが **ちがう** から。

② （ ）にあてはまる数を書きましょう。
① 69cmの $\frac{1}{3}$ は，（ 23 ）cmです。
② 88cmの $\frac{1}{4}$ は，（ 22 ）cmです。
③ （ 24 ）cmの $\frac{1}{3}$ の長さは，8cmです。
④ （ 48 ）cmの $\frac{1}{4}$ の長さは，12cmです。

P.85

10 ふりかえり・たしかめ（1）
大きい数のわり算，分数とわり算 名前

① 計算をしましょう。
① $60 \div 2 = 30$　② $90 \div 3 = 30$
③ $40 \div 4 = 10$　④ $50 \div 5 = 10$
⑤ $84 \div 4 = 21$　⑥ $66 \div 2 = 33$
⑦ $77 \div 7 = 11$　⑧ $39 \div 3 = 13$

② 99まいのカードを，3人で同じ数ずつ分けます。1人分は何まいになりますか。

式 $99 \div 3 = 33$　　答え **33まい**

③ 黄色の毛糸の長さは，80cmです。80cmの $\frac{1}{4}$ の長さは何cmですか。

式 $80 \div 4 = 20$　　答え **20cm**

10 ふりかえり・たしかめ（2）
大きい数のわり算，分数とわり算 名前

① さとしさんは，84円の $\frac{1}{4}$，まりさんは，88円の $\frac{1}{4}$ のお金を持っています。どちらが何円多いですか。

① さとしさんは，お金をいくら持っていますか。
式 $84 \div 4 = 21$　　答え **21円**

② まりさんは，お金をいくら持っていますか。
式 $88 \div 4 = 22$　　答え **22円**

③ どちらが何円多いですか。
式 $22 - 21 = 1$　　答え **まりさんが1円多い。**

② もとの長さの $\frac{1}{3}$ が15cmでした。もとの長さは何cmですか。
式 $15 \times 3 = 45$　　答え **45cm**

P.86

③ 80このおはじきを，4人で同じ数ずつ分けます。1人分は何こになりますか。(5×2)
式 $80 \div 4 = 20$　　答え **20こ**

④ 96円を，3人で同じ金がくずつ分けます。1人分はいくらになりますか。(5×2)
式 $96 \div 3 = 32$　　答え **32円**

⑤ 黄色のテープの長さは90cmです。90cmの $\frac{1}{3}$ の長さは何cmですか。(5×2)
式 $90 \div 3 = 30$　　答え **30cm**

⑥ 水色のテープの長さは93cmです。93cmの $\frac{1}{3}$ の長さは何cmですか。(5×2)
式 $93 \div 3 = 31$　　答え **31cm**

⑦ もとの長さその $\frac{1}{4}$ が30cmでした。もとの長さは何cmですか。(5×2)
式 $30 \times 4 = 120$　　答え **120cm**

10 まとめのテスト
大きい数のわり算，分数とわり算 (2×10)
【知識・技能】

① 計算をしましょう。
① $60 \div 2 = 30$　② $40 \div 2 = 20$
③ $30 \div 3 = 10$　④ $66 \div 6 = 11$
⑤ $39 \div 3 = 13$　⑥ $42 \div 2 = 21$
⑦ $84 \div 4 = 21$　⑧ $55 \div 5 = 11$
⑨ $93 \div 3 = 31$

② （ ）にあてはまる数を書きましょう。(5×6)
① 60cmの $\frac{1}{3}$ の長さは，（ 20 ）cmです。
② 63cmの $\frac{1}{3}$ の長さは，（ 21 ）cmです。
③ 88cmの $\frac{1}{4}$ の長さは，（ 22 ）cmです。
④ 16cmの $\frac{1}{4}$ の長さは，（ 4 ）cmです。
⑤ （ 30 ）cmの $\frac{1}{3}$ の長さは，10cmです。
⑥ （ 60 ）cmの $\frac{1}{4}$ の長さは，15cmです。

P.87

👁 どんな計算になるのかな？（1）
名前

● 3年1組と3年2組のみんなで遊園地に行きます。

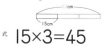

① 1組も2組も36人です。みんなで何人いますか。
式 $36 \times 2 = 72$　　答え **72人**

② 1組では，36人を，同じ人数ずつ9つのグループに分けて，お化け屋しきに行きます。1グループは何人になりますか。
式 $36 \div 9 = 4$　　答え **4人**

③ かんらん車からゴーカートまでの道のりと，お化け屋しきからジェットコースターまでの道のりは，どちらが何m遠いですか。
式 $135 + 125 = 260$
$75 + 180 = 255$
$260 - 255 = 5$
かんらん車からゴーカートまでの道のりが5m遠い。

④ かんらん車には2人ならんでいます。ゴーカートにならんでいる人は，かんらん車にならんでいる人の4倍です。ゴーカートには何人ならんでいますか。
式 $2 \times 4 = 8$　　答え **8人**

P.88

 **どんな計算になるのかな？(2)**　名前

① 花が39本あります。6本ずつたばにして花たばを作ります。6本ずつの花たばはいくつできますか。

式 $39 \div 6 = 6$ あまり3

答え　6つ

② 1635円の図かんを買うために，レジで5000円さつを出しました。おつりはいくらですか。

式 $5000 - 1635 = 3365$

答え　3365円

③ 1箱12本入りのえん筆が8箱あります。えん筆は，全部で何本ありますか。

式 $12 \times 8 = 96$

答え　96本

④ 124円のかきと，786円のぶどうを買います。代金はいくらですか。

式 $124 + 786 = 910$

答え　910円

 **どんな計算になるのかな？(3)**　名前

① あおいさんは534円，弟は385円持っています。

① 2人の持っているお金は，あわせていくらですか。

式 $534 + 385 = 919$

答え　919円

② あおいさんは，弟より何円多く持っていますか。

式 $534 - 385 = 149$

答え　149円

② 46人の子どもが，1きゃくの長いすに5人ずつすわります。全員がすわるには，長いすは何きゃくいりますか。

式 $46 \div 5 = 9$ あまり1

$9 + 1 = 10$

答え　10きゃく

③ 1つのコップに，牛にゅうを120mLずつ入れます。7つのコップに入れるには，牛にゅうは何mLいりますか。

式 $120 \times 7 = 840$

答え　840mL

88

P.89

 どんな計算になるのかな？(4)　名前

① 花だんに球根を植えます。1列に37こずつ，8列植えるには，球根は何こいりますか。

式 $37 \times 8 = 296$

答え　296こ

② 金魚が63ぴきいます。1つの水そうに7ひきずつ入れると，水そうは，いくついりますか。

式 $63 \div 7 = 9$

答え　9つ

③ 植物園のきのうの入場者数は，午前が187人，午後が226人でした。

① 午後の入場者数は，午前の入場者数より何人多いですか。

式 $226 - 187 = 39$

答え　39人

② きのうの入場者数は，午前と午後をあわせると何人ですか。

式 $187 + 226 = 413$

答え　413人

どんな計算になるのかな？(5)　名前

① 運動場に，2年生と3年生が全部で331人います。そのうち2年生は173人です。3年生は何人ですか。

式 $331 - 173 = 158$

答え　158人

② まわりの長さが32cmの正方形があります。この正方形の1つの辺の長さは何cmですか。

式 $32 \div 4 = 8$

答え　8cm

③ 1こ124円のドーナツを5こ買って，レジで1000円さつを出しました。おつりはいくらですか。

式 $124 \times 5 = 620$

$1000 - 620 = 380$　答え　380円

④ 1こ86円の消しゴムを6こと，108円のえん筆を1本買います。代金はいくらですか。

式 $86 \times 6 = 516$

$516 + 108 = 624$　答え　624円

89

教科書にそって 学べる

算数教科書プリント　3年 ①
東京書籍版

2023 年 3 月 1 日　　第 1 刷発行

イ ラ ス ト：　山口 亜耶 他
表紙イラスト：　鹿川 美佳
表紙デザイン：　エガオデザイン
企画・編著：　原田 善造・あおい えむ・今井 はじめ・さくら りこ・中 あみ
　　　　　　　中 えみ・中田 こういち・なむら じゅん・はせ みう
　　　　　　　ほしの ひかり・堀越 じゅん・みやま りょう（他 4 名）
編 集 担 当：　川瀬 佳世

発 行 者：　岸本 なおこ
発 行 所：　喜楽研（わかる喜び学ぶ楽しさを創造する教育研究所：略称）
　　　　　　〒604-0827　京都府京都市中京区高倉通二条下ル瓦町 543-1
　　　　　　TEL　075-213-7701　FAX　075-213-7706
　　　　　　HP　https://www.kirakuken.co.jp
印 　 刷：　創栄図書印刷株式会社

ISBN:978-4-86277-377-7

Printed in Japan

喜楽研 WEB サイト
書籍の最新情報（正誤表含む）は
喜楽研 WEB サイトをご覧下さい。

学校現場では，本書ワークシートをコピー・印刷して児童に配布できます。
学習する児童の実態にあわせて，拡大してお使い下さい。